U0927295

"十三五"国家重点出版物出版规划项目

转型时代的中国财经战略论丛

整合审计模式下审计收费研究

——理论分析与经验证据

陈娇娇　著

中国财经出版传媒集团

经济科学出版社
Economic Science Press

图书在版编目（CIP）数据

整合审计模式下审计收费研究：理论分析与经验证据/陈娇娇著．—北京：经济科学出版社，2020.1

（转型时代的中国财经战略论丛）

ISBN 978 -7 -5218 -1240 -4

Ⅰ.①整…　Ⅱ.①陈…　Ⅲ.①审计 - 收费 - 研究　Ⅳ.①F239

中国版本图书馆 CIP 数据核字（2020）第 014555 号

责任编辑：陈赫男
责任校对：靳玉环
责任印制：李　鹏

整合审计模式下审计收费研究
——理论分析与经验证据
陈娇娇　著
经济科学出版社出版、发行　新华书店经销
社址：北京市海淀区阜成路甲 28 号　邮编：100142
总编部电话：010 - 88191217　发行部电话：010 - 88191522
网址：www. esp. com. cn
电子邮件：esp@ esp. com. cn
天猫网店：经济科学出版社旗舰店
网址：http：//jjkxcbs. tmall. com
北京季蜂印刷有限公司印装
710 × 1000　16 开　13. 75 印张　220000 字
2020 年 4 月第 1 版　2020 年 4 月第 1 次印刷
ISBN 978 -7 -5218 -1240 -4　定价：55. 00 元
（图书出现印装问题，本社负责调换。电话：010 - 88191510）

总　序

山东财经大学《转型时代的中国财经战略论丛》（以下简称《论丛》）系列学术专著是“‘十三五’国家重点出版物出版规划项目”，是山东财经大学与经济科学出版社合作推出的系列学术专著。

山东财经大学是一所办学历史悠久、办学规模较大、办学特色鲜明，以经济学科和管理学科为主，兼有文学、法学、理学、工学、教育学、艺术学八大学科门类，在国内外具有较高声誉和知名度的财经类大学。学校于2011年7月4日由原山东经济学院和原山东财政学院合并组建而成，2012年6月9日正式揭牌。2012年8月23日，财政部、教育部、山东省人民政府在济南签署了共同建设山东财经大学的协议。2013年7月，经国务院学位委员会批准，学校获得博士学位授予权。2013年12月，学校入选山东省“省部共建人才培养特色名校立项建设单位”。

党的十九大以来，学校科研整体水平得到较大跃升，教师从事科学研究的能动性显著增强，科研体制机制改革更加深入。近三年来，全校共获批国家级项目103项，教育部及其他省部级课题311项。学校参与了国家级协同创新平台中国财政发展2011协同创新中心、中国会计发展2011协同创新中心，承担建设各类省部级以上平台29个。学校高度重视服务地方经济社会发展，立足山东、面向全国，主动对接“一带一路”、新旧动能转换、乡村振兴等国家及区域重大发展战略，建立和完善科研科技创新体系，通过政产学研用的创新合作，以政府、企业和区域经济发展需求为导向，采取多种形式，充分发挥专业学科和人才优势为政府和地方经济社会建设服务，每年签订横向委托项目100余项。学校的发展为教师从事科学研究提供了广阔的平台，创造了良好的学术生态。

习近平总书记在全国教育大会上的重要讲话，从党和国家事业发展全局的战略高度，对新时代教育工作进行了全面、系统、深入的阐述和部署，为我们的科研工作提供了根本遵循和行动指南。习近平总书记在庆祝改革开放40周年大会上的重要讲话，发出了新时代改革开放再出发的宣言书和动员令，更是对高校的发展提出了新的目标要求。在此背景下，《论丛》集中反映了我校学术前沿水平、体现相关领域高水准的创新成果，《论丛》的出版能够更好地服务我校一流学科建设，展现我校“特色名校工程”建设成效和进展。同时，《论丛》的出版也有助于鼓励我校广大教师潜心治学，扎实研究，充分发挥优秀成果和优秀人才的示范引领作用，推进学科体系、学术观点、科研方法创新，推动我校科学研究事业进一步繁荣发展。

伴随着中国经济改革和发展的进程，我们期待着山东财经大学有更多更好的学术成果问世。

山东财经大学校长

2018年12月28日

前　言

美国安然事件的发生，引发外界对上市公司内部控制的极大关注，吸引了全世界的目光。为挽救职业形象与声誉、保护投资者利益、重塑投资者信任，美国国会于2002年发布具有内部控制里程碑意义的《萨班斯—奥克斯利法案》（Sarbanes - Oxley Act，SOX），法案中的404条款明令规定上市公司的管理层不仅需要对内部控制进行自我评价，而且需要出具内部控制自我评价报告，并按照相关规定按时对外公开披露。与此同时，明文规定要求上市公司聘请外部独立审计师审计其内部控制自我评价报告并签发内部控制审计报告。内部控制因其存在高额的执行成本让上市公司望而却步，为进一步推进内部控制的全面执行，美国公众公司会计监督委员会（Public Company Accounting Oversight Board，PCAOB）先后颁布了2号审计准则（Auditing Standard No. 2 - An Audit of Internal Control Over Financial Reporting Performed in Conjunction with An Audit of Financial Statements，AS2）和5号审计准则（Auditing Standard No. 5 - An Audit of Internal Control Over Financial Reporting That Is Integrated with An Audit of Financial Statements，AS5）。其中，AS5首次提出将财务报表审计与内部控制审计整合起来实施，即整合审计。我国紧随国际审计浪潮，财政部等五部委于2010年颁布《企业内部控制审计指引》，明令规定上市公司需要进行内部控制自我评价并出具内部控制自我评价报告，并且要求上市公司聘请外部审计师对内部控制进行审计并出具内部控制审计报告。由此，逐步迈入内部控制审计时代。随着内部控制信息披露的透明度与可信度的提高，为研究公司内部控制提供了难得的机遇，催生出大批基于内部控制视角的规范研究与实证研究，理论界出现“百家争鸣”的研究热潮，也为实务界提供了良好的实践素材。

SOX 法案的实施引发外界对内部控制的瞩目，也带来些颇有争议的问题，尤其是执行内部控制审计后的审计收费问题。以 SOX 法案为分水岭，事务所从此担负起为上市公司的内部控制自我评价出具外部独立审计意见的职责，上市公司需要向事务所支付内部控制审计服务报酬即内部控制审计费用。因而学者们开始研究内部控制审计收费的影响因素。我国的内部控制审计正逐步由自愿性审计过渡到强制性审计阶段，到目前为止，理论界和实务界对内部控制审计收费的研究均处于初步阶段。在此背景下，对财务报告内部控制审计收费影响因素的研究具有现实意义。

借鉴美国 AS5 的相关内容，依托于整合审计框架，我国财务报表审计与内部控制整合审计时代已经到来。在整合审计模式下，同一家事务所为上市公司提供财务报表审计服务与内部控制审计服务，收取两类审计服务费用，即整合审计收费，其数额上等于财务报表审计收费与内部控制审计收费之和。国内既有文献中关于整合审计的研究多为规范性研究，实证研究较少。对整合审计模式下审计收费的研究更是凤毛麟角。本书基于整合审计背景对整合审计收费展开实证研究，揭开整合审计收费“黑箱”。

本书将规范研究方法与实证研究方法相结合，沿着“研究基础—理论分析—实证研究—结论总结”的逻辑关系展开研究。

本书首先对国内外关于财务报表审计收费、内部控制审计收费、整合审计收费进行回顾与梳理，其次解析内部控制审计制度背景与整合审计制度背景，对其变迁历程与现状进行分析，依托于委托代理理论、市场供需理论、审计风险理论、审计保险理论、系统协同理论，阐述整合审计模式下审计收费作用机理。然后沿着本书研究主题展开实证研究，探讨整合审计模式下财务报表审计收费影响因素、整合审计模式下内部控制审计收费影响因素、整合审计模式下两类审计收费之间的交叉补贴关系研究、审计关系错配与整合审计收费、审计师变更与整合审计收费。通过研究有如下发现。

从上市公司特征、会计师事务所特征以及财务报表审计业务自身特征三大视角探讨整合审计模式下财务报表审计收费影响因素。研究发现财务报表审计收费与上市公司的规模、业务复杂度、应收账款占总资产比例、公司发生亏损、被出具非标准财务报表审计意见、事务所的声誉等显著正相关，与国有产权性质等显著负相关。研究结论有助于深入了解整合审计模式下审计师对财务报表审计收费的定价策略，在扩展审计收费研究的同时也为整合审计施行提供经验和依据。

从上市公司特征、会计师事务所特征以及内部控制审计业务自身特征三个视角出发，研究整合审计模式下内部控制审计收费的影响因素。研究发现内部控制审计收费与上市公司的规模、业务复杂度、事务所的声誉显著正相关，与公司的内部控制质量、连续内部控制审计显著负相关。从上述结果中不难发现，内部控制审计收费的影响因素与财务报表审计收费的影响因素有重合之处，这也为进一步探究整合审计模式下内部控制审计收费与财务报表审计收费之间的关系奠定了基础。

目前国内的内部控制审计正逐步由自愿性审计过渡到强制性审计阶段，将内部控制审计与财务报表审计结合的整合审计已是大势所趋。根据知识溢出效应，由同一家会计师事务所对上市公司实施内部控制审计服务与财务报表审计服务，可以相互利用两种审计过程中获得的知识，彼此验证审计效果，提供高质量的审计服务，收取高额的审计溢价，两者之间呈正相关关系。在整合审计模式下内部控制审计收费与财务报表审计收费之间的交叉补贴中知识溢出效应起到了主导作用。

基于整合审计背景探讨审计关系错配与整合审计收费，发现国际四大会计师事务所（以下简称“国际四大”）对小规模客户给予整合审计收费折价，非国际四大对大规模客户收取整合审计收费溢价。深入探讨其成因，发现盈余质量在其中起到调节作用。执行整合审计能抑制上市公司的盈余管理行为，基于财务报表审计与内部控制审计的知识溢出效应及联动机制，执行整合审计有助于高效识别公司管理层的盈余管理行为。

基于整合审计背景探讨审计师变更与整合审计收费，研究发现在整合审计模式下并不存在初始整合审计收费折扣现象，审计师变更时后任审计师并未给予客户整合审计收费折价，证实信息观更具解释力，即准租金将随着审计收费信息的公开披露而逐渐减少或是消失，公开披露审计收费信息可缓解初始整合审计收费折扣行为，有效抑制整合审计模式下审计师低价揽业行为。因此，完善整合审计模式下审计收费信息披露制度可以有效替代政府直接干预机制，从而科学有效地监管审计市场价格竞争，在一定程度上增强审计师的独立性；可以维持良好的审计市场竞争环境，制定更为合理的收费区间。

本书的创新之处体现在以下四个方面：（1）以公开对外披露的数据构建模型实证检验内部控制审计收费的影响因素，为内部控制审计收费影响因素研究提供经验证据、扩展研究视野，补充内部控制审计经济后果研究文献。（2）立足国内整合审计制度背景，构建实证模型，探讨整合审计模式下内部控制审计收费与财务报表审计收费之间的交叉补贴关系，为整合审计实施提供经验证据，扩展整合审计理论研究，丰富整合审计经济后果研究文献。（3）结合国内本土整合审计市场特点，基于整合审计背景研究审计关系错配与整合审计收费之间的关系，弥补现有的审计师客户选择行为研究的不足，补充整合审计经济后果研究文献。深度了解整合审计收费决定因素，为进一步推行整合审计提供参考，有助于制定合理的收费区间。（4）基于整合审计背景研究审计师变更与整合审计收费之间的关系，证实在初始整合审计市场中信息观更具解释力，扩充审计收费研究视野的同时，也可为监管机构提供政策建议。

此外，对本书的数据部分予以补充说明。书中的数据较陈旧，样本区间是2011～2015年。未更新数据原因之一，从2011年起上市公司开始分期、分批执行内部控制审计，2011～2015年间超过90%的公司聘任同一家事务所审计财务报告与内部控制，即施行整合审计。用这一段时间的数据来研究整合模式下的审计收费很有代表性。原因之二，学校后续未购买深圳迪博内部控制与风险管理数据库（DIB），无法从公开渠道获取可信的与内部控制审计相关的数据。但是通过本书的理论分析可以预期，即使更新为最新的数据，主要的研究结论和建议也不会有太大的改变。

目　录

第1章 绪 论

1.1 选题背景与研究意义

1.1.1 选题背景

安然事件引发全球对内部控制的关注，内部控制逐步由自主自愿的自发机制转变为监管部门强制推动的制度机制。2002 年 7 月，美国国会颁布的 SOX 法案中的 302 与 404 条款强制要求上市公司自发遵守相关规范，公开对外披露公司内部控制信息。302 条款要求上市公司管理层自发进行内部控制自我评价，并出具自我评价报告证实内部控制的有效性。若是管理层通过全面了解与评价内部控制后发现内部控制存在重大缺陷，需要将发现的重大内部控制缺陷对外公开披露，从而增强内部控制信息披露透明度。404 条款在 302 条款的基础上进一步推动内部控制制度的全面推广，要求公司聘任外部独立的审计师对内部控制出具审计意见，增强披露信息的可信性。美国资本市场中，内部控制审计因其执行成本较高而饱受争议。为降低 SOX 法案 404 条款的执行成本，全面推进内部控制审计的施行，美国 PCAOB 发布 AS2《与财务报表审计结合进行的财务报告内部控制审计》，并且于 2007 年发布 AS5《与财务报表审计相整合的财务报告内部控制审计》取代 AS2，AS5 中首次正式提出整合审计（integrated audit），即上市公司可聘任同一家事务所执行财务报表审计与内部控制审计。

国内的内部控制相关规范及体系的建设滞后于国际进程，财政部等五部委于2010年发布《关于印发企业内部控制配套指引的通知》，为上市公司执行内部控制建设提供规范指导。随后中国注册会计师协会（以下简称“中注协”）发布《企业内部控制审计指引实施意见》。两者均规定，自2012年1月1日起上市公司应公开披露财务报表审计报告与内部控制审计报告，增加了上市公司会计信息披露的透明度。2012年财政部等颁布《关于主板上市公司分类分批实施企业内部控制规范体系的通知》要求同时在境内外上市的公司应于2011年起施行内部控制审计，而在沪深主板上市的公司应于2012年起施行内部控制审计，上市公司迈入内部控制审计时代。《企业内部控制审计指引实施意见》明确指出注册会计师可以将财务报表审计与内部控制审计整合进行。伴随着内部控制审计相关规范与指引分期分批进行，内部控制审计正处于由自愿性审计到强制性审计的过渡阶段。

内部控制审计是会计师事务所接受委托，对特定基准日被审计单位内部控制设计与运行的有效性所进行的审计。尽管内部控制审计面临着执行成本较高等争议，但在美国SOX的示范作用带动下，聘请外部审计师对公司内部控制进行审计并出具审计报告这一做法，逐渐被许多国家和地区所借鉴。内部控制审计作为一项新兴的审计业务，引起了学术界的广泛重视。近年来，我国的内部控制审计逐步由自愿性审计过渡到强制性审计阶段，并且不断加大强制执行的力度。执行内部控制审计的上市公司可在其对外公开披露的年报中披露内部控制审计报告，或是在公开披露平台中单独披露内部控制审计报告。依据深圳迪博内部控制与风险管理数据库（DIB）① 的统计，2011～2015年5年中，沪深两市主板披露内部控制审计报告的公司总计5248家（2011年373家，2012年947家，2013年1093家，2014年1390家，2015年1445家），其中，单独披露内部控制审计收费的公司已达4053家（2011年34家，2012年692家，2013年883家，2014年1179家，2015年1265家）。内部控制审计收费情况的公开对外披露，向资本市场信息使用者传达了内部控制审计服务内含的价格信息，故而不仅提升了信息披露透明度，也为研究内部控制审计收费的影响因素提供了难得的机遇。可进一步了解资本市场中内部控制审计服务供求双方的状况，深度探究内部控制审计定价

① 资料来源：迪博内部控制与风险管理数据库（DIB）并经作者手工整理，网址：http：//www. dibdata. cn/。

的规律，在加深对内部控制审计服务市场了解的同时也便于监管部门洞察市场主体的策略性行为，为制定科学的监管政策提供依据。本书依据可以公开获得的数据，实证考察整合审计模式下内部控制审计收费的影响因素，无疑具有重要的理论探索意义和实践参考价值。

美国的AS5强制要求整合审计，中国则存在两种不同的上市公司审计模式：整合审计和单独审计。独特的资本市场审计制度背景为研究整合审计与单独审计差异提供了难得的机遇。单独审计是指分别由两家不同的事务所对公司的财务报表与内部控制进行审计。而与之对应的整合审计是由同一家事务所对公司的财务报表与内部控制进行审计。整合审计产生的基础是财务报表审计与内部控制审计之间的合理关联，并伴随着审计理论与实务的发展而受到广泛的关注。《企业内部控制审计指引实施意见》指出会计师事务所可以将财务报表审计与内部控制审计整合进行。美国等西方资本市场强制要求上市公司执行整合审计，缺乏单独审计的相关研究，因此缺乏公开披露的内部控制审计收费数据。相较于国外仅存在整合审计模式而言，国内的《企业内部控制审计指引实施意见》中允许事务所施行单独审计，至此，中国资本市场中同时存在单独审计模式与整合审计模式。依据公开披露的数据库[①]统计，2011～2015年沪深主板A股上市公司中进行整合审计的上市公司有5113家（2011年360家，2012年926家，2013年1062家，2014年1353家，2015年1412家），占比将近97.4%。执行单独审计上市公司有135家（2011年13家，2012年21家，2013年31家，2014年37家，2015年33家），占比将近2.6%。这也与既有文献研究一致，方红星、陈娇娇（2016）研究表明2011～2014年沪深主板实施整合审计的上市公司比例高达97.2%，整合审计大势所趋。因此，本书基于整合审计视角对整合审计模式下审计收费展开研究，提供经验证据。

依据知识溢出效应，由同一家事务所为上市公司提供整合审计服务，在执行财务报表审计程序与内部控制审计程序过程中获取的知识可以彼此溢出，具体而言即为事务所执行财务报表审计服务获取的知识可以向内部控制审计服务溢出，而执行内部控制审计服务获取的知识亦可以向财务报表审计服务溢出，彼此相互验证，提高审计效率，减少重复

① 资料来源：迪博内部控制与风险管理数据库（DIB）并经作者手工整理，网址：http：//www.dibdata.cn/。

性劳动。诸如，审计师在执行内部控制审计服务时对上市公司的内部控制整体情况的了解可以有效地运用到财务报表审计服务中。与之相似的逻辑，审计师在执行财务报表审计服务中获取的知识也可以溢出到内部控制审计服务，两者之间产生知识溢出效应，提高进一步审计程序的效率和效果。与之相对应，上市公司若是聘请两家事务所分别提供财务报表审计服务与内部控制审计服务，客户需要进行两次审计契约的签订，需要付出更多的交易成本，两类审计专业知识不能相互溢出，降低了审计效率。

国外关于整合审计研究的焦点之一在于 SOX 法案实施后审计收费的变化，但由于无法获取内部控制审计收费相关数据，因此鲜有关于整合审计模式下两类审计收费之间关系的研究。我国内部控制审计逐步由自愿性审计过渡到强制性审计，财务报表审计服务与内部控制审计服务之间的双向资源流动方式，以及部分公司在年报中公开披露的内部控制审计收费，为深入研究财务报表审计收费与内部控制审计收费之间的关系提供了不可多得的研究机会。两类审计收费之间究竟是何种关系？彼此相互影响吗？是否存在交叉补贴？是否存在规模经济效应？抑或是存在知识溢出效应？本书以沪深两市主板分开披露两类审计收费的 A 股上市公司作为研究对象，实证研究整合审计模式下两类审计收费之间的交叉补贴关系，检验知识溢出效应和规模经济效应两种竞争性的理论解释。研究结论有助于为整合审计模式下审计收费研究提供新的研究视野，扩展审计收费研究，可以为相关实务工作者和政策制定者提供重要的决策依据。

财务报表审计与内部控制审计可以彼此印证，提高审计效率与效果，两类审计之间的相互联动及协同关系使得整合审计应运而生。整合是指在一定条件下使得两种或是更多种事物加强联系，协调共性，优化决策结果。营销学中赋予整合定价如下含义：综合运用产品、促销或是分销策略等来制定最优定价组合的整合营销定价策略。将营销学中的整合定价引用到整合审计中而言即为整合审计定价或称整合审计收费。整合审计收费（定价）为同一家事务所对上市公司财务报表审计与内部控制审计两项业务的综合收费。整合审计收费从数量上而言是财务报表审计收费与内部控制审计收费之和。从经济含义角度而言，整合审计收费折价为审计师对两类审计业务给予的收费折扣；整合审计收费溢价为审计师对两类审计业务收取的收费溢价。考察审计收费时，只有全面考虑整合审计下的两类审计收费，才能更全面、更准确地把握审计定价形成过程中审计师和被审计单位双方的行为和决策。国内学者关于整合审计的研究大多基于理论层面，较少有基于实证视角对整合审计展开研究，探讨其实践价值与理论意义。究竟在整合审计模式下，整合审计收费的影响因素有哪些？两类审计收费之间的正向交叉补贴初步表明事务所赚取整合审计收费溢价。我国审计市场中审计师会因“身份”不同而导致其整合审计收费存在显著差异？整合审计收费是溢价还是折价？

整合审计收费是审计师与客户之间讨价还价均衡博弈的结果，整合审计服务供求双方的相互选择起到不可忽视的关键作用。西穆尼奇（Simunic，1980）对审计市场供需双方进行细分，将审计服务供给方分为国内八大审计师与非八大审计师（以下简称“八大与非八大审计师”），依据购买方资产规模将其细分为大小客户市场，研究发现八大与非八大审计师在大客户与小客户市场中收取差异化的审计费用。后续关于审计收费的研究多沿用类似分析框架，发现不同规模的审计师在细分市场上的审计收费存在差异，并将审计收费差异归因于审计师声誉或是品牌。弗朗西斯（Francis，1984）认为四大审计师提供较高质量的审计服务，客户为向市场传达其优良品质倾向于选择四大审计师。审计师与客户的细分加深了资本市场信息使用者对审计市场结构及其内在运行机制的认识。

国内审计市场中，国际四大与本土会计师事务所（以下简称“本土所”）并存，呈现审计双方高端配高端、低端配低端的互选机制，即国际四大与业绩好的大规模客户匹配，非国际四大与业绩差的小客户匹配（王杏芬，2015）。本书另辟蹊径，试图在整合审计背景下研究资本市场审计关系错配（大规模事务所审计小规模客户，小规模事务所审计大规模客户）对整合审计收费的影响。国际四大孕育于西方市场环境与经济制度背景，那么，国际四大面对中国市场环境与制度背景时，采用何种策略来寻求发展？是否能一贯地维持其高审计质量？中国审计市场需要优质品牌事务所提供的审计服务吗？是否愿意向国际四大购买审计服务，并为之支付高额的审计收费？上述问题的实证探讨有助于深入了解中国审计市场特征，进而探索审计行业发展规律，做到知己知彼，增强本土事务所竞争力。既有文献尚未立足整合审计角度研究整合审计收费问题，整合审计收费成为值得关注的研究课题。本书是对审计关系错配与整合审计收费的有价值的探索，不仅从理论上深化审计关系错配与整合审计收费的认知，揭示审计市场中审计师的行为选择，与此同时，也为整合审计的实施提供经验证据，探讨整合审计模式下审计收费的影响因素及其经济后果，探究整合审计收费的效用，为国内全面展开整合审计提供经验证据。

理论界对于审计师变更与审计收费之间的关系也叫初始审计收费折扣，有两大主流观点：交易成本观与信息观。交易成本观认为初始审计收费折扣成因在于初始审计启动成本以及客户变更审计师的交易成本，审计师期望在未来较长的年限内获得客户的聘约，长期连续审计客户获取客户的青睐，可用未来长期聘约内获取的收益来弥补初始签订审计契约时给予的低于审计成本的审计收费折扣造成的前期损失。信息观认为如果外部信息使用者不能通过公开的渠道获取准租金相关信息时，客户可能向审计师支付准租金获取合意的审计报告，进而产生初始审计收费折扣行为，可能会损害审计独立性。而一旦外部信息使用者可以依据公开披露的审计收费信息合理推断出准租金，审计收费信息的公开披露可以有效地消除审计师收取的准租金。初始审计收费折扣产生的根源在于准租金信息的非公开披露，一旦与准租金密切相关的审计收费信息公开披露，将不存在初始审计收费折扣问题。上述两种竞争的观点，对实务中的监管政策有不同的启示：基于交易成本观的视角，会激励监管者干预审计市场来遏制审计师获取经济租金；基于信息观的视角，完善整合审计模式下审计收费信息披露制度可以有效替代政府直接干预机制，从而科学有效地监管审计市场价格竞争，一定程度上增强审计师的独立性。

随着内部控制审计指引分期分批进行，内部控制审计业务逐渐成为上市公司的法定审计业务，越来越多的上市公司聘任同一家事务所为其提供财务报表审计服务与内部控制审计服务，即整合审计服务。实施整合审计的上市公司需要向事务所支付整合审计费用。因此，本书基于整合审计背景探讨整合审计模式下审计师变更与整合审计收费之间的关系，研究证实在整合审计市场中尚未存在初始整合审计收费折扣行为，支持信息观。强制披露审计收费信息将减少整合审计模式下初始整合审计收费折扣行为，可以有效抑制整合审计模式下低价揽业行为。对于整合审计市场监管者而言，应建立健全整合审计模式下审计收费信息披露制度，让强制披露审计收费信息披露制度有效替代政府直接干预机制，从而科学有效地监管审计市场价格竞争，让市场发挥其在审计定价中的应有作用。

1.1.2 研究意义

（1）丰富审计收费研究文献，扩展研究视野。本书在审计定价理论基础上构建内部控制审计收费影响因素模型，对上市公司公开披露的内部控制审计收费数据进行实证研究，揭示上市公司内部控制审计收费的内在规律；整合审计模式下内部控制审计收费与财务报表审计收费之间的内在关联，不仅从收费角度阐释了整合模式下两类审计之间的关系，还部分解释了会计师事务所将两项审计业务整合进行在经济动机上的合理性，有助于透视整合审计收费探索新的分析框架与研究视野；提供审计关系错配与整合审计收费的经验证据研究，有助于厘清整合审计模式下审计师客户错配机制，基于整合审计背景考察审计师对不同规模客户收取差异的整合审计收费，扩展审计师客户选择行为与审计收费研究；提供审计师变更与整合审计收费的经验证据，有助于厘清整合审计模式下审计师变更对整合审计收费影响机制，扩展整合审计业务供给方即审计师行为研究。

（2）有助于洞察审计市场主体的策略性行为，为审计实践者、政策制定者以及监管者提供重要的决策依据。有助于监管抑制注册会计师行业的非正当竞争行为，并可为规范行业发展提供决策依据。事务所提供的整合审计服务的生产与提供有着较大的特殊性，从而使得整合审计服务的定价方式有别于一般普通的商品和劳务。针对整合审计收费的深入研究，有助于深入了解整合审计服务的供需状况和发展态势，有利于加深对整合审计服务市场的认识。

（3）对指导审计师的审计实务有借鉴意义。按照内部控制基本规范与相关指引而执行的内部控制审计业务是一项新兴的业务，在具体的实践中究竟如何开展内部控制审计，如何在遵循内部控制基本规范及相关指引的基础上制定科学、合理的内部控制审计定价，均是事务所执行内部控制审计过程中面临的较为严峻的困难与挑战，需要在后续的审计实务中反复进行检验，不断加以修正与完善。鉴于财务报表审计与内部控制审计两者间的知识溢出效应，越来越多的上市公司实施整合审计，整合审计模式下审计收费研究为审计师制定整合审计收费提供经验证据。国际四大在国内的审计市场中收取高额的审计收费溢价，带给国内事务所的启示是：本土事务所要重视品牌建设，建立优质品牌，提升审计质量方能在审计市场竞争中取胜。

1.2 相关概念界定

1.2.1 内部控制

早期一般采用内部牵制来代指内部控制，内部牵制的主要目的在于查错防弊，采用的方法主要是不相容职务分离以及核对账目，主要的控制对象聚焦于企业内部的钱、账、物等。20 世纪 30 年代人们才首次正式提出内部控制一词，并一致赞同将企业的会计控制作为内部控制的核心部分。1936 年，美国注册会计师协会（American Institute of Certified Public Accountants，AICPA）率先以书面形式赋予内部控制含义：为确保公司资金及其他财产安全，检查账簿的准确性而采取的各种措施和方法。此含义在后续的 20 多年间广为沿用。直至 1958 年 AICPA 发布《第 29 号审计程序公告》，公告中对内部控制的含义较之以前年度有着突破性进展，首次将内部控制细分为内部会计控制与内部管理控制。具体而言，内部会计控制主要聚焦于确保公司资产的完整性以及财务信息的可靠性，具体的运营实务中可采取的控制措施包括但不限于授权审批、实物控制以及不相容职务相互分离等。将内部控制进行两类细分的做法在后续的 30 年内一直沿用。1988 年 4 月 AICPA 颁布《审计准则公告第 55 号》，首次以书面形式提出“内部控制结构”一词，并将其取代之前提出的“内部控制”，该公告与之前颁布的公告或是审计准则的突破之处在于将会计控制与管理控制合为一体，不再明确划分两者的界限，与此同时将企业的内部控制环境也视为企业的内部控制组成中至关重要的部分。1992 年，美国反虚假财务报告委员会下属的发起人委员会（The Committee of Sponsoring Organizations of the Treadway Commission，

COSO）颁布《内部控制——整体框架》并在其中赋予内部控制较为规范性的含义：内部控制是由企业董事会、管理层及其他人员制定的为合理保证实现企业经营活动效率与效果、财务报告可靠性及遵守法律法规等目标的控制过程。COSO 报告中提出内部控制五要素，即控制环境、风险评估、控制活动、信息与沟通、监督。随后 2003 年颁布的《内部控制——企业风险框架》中在原有的内部控制五要素的基础上增加三项内部控制要素，即事项识别、目标制定与风险分析，至此构成较为完整的包含八大要素的内部控制框架。2008 年 5 月，财政部等五部委发布的《企业内部控制基本规范》中赋予内部控制如下含义：内部控制是由企业董事会、监事会、经理层和全体员工实施的旨在实现控制目标的过程。规范中所提出的内部控制目标是在 COSO 三大目标基础上的进一步延伸：经营合法合规目标、资产安全目标、财务报告目标、经营效率与效果目标以及战略发展目标。

1.2.2 内部控制审计

20 世纪 90 年代频发的商业银行破产案直接促成《联邦储蓄保险公司改善法案》的颁布实施，强制要求管理层评价内部控制的有效性，在此基础上 AICPA 发布《鉴证业务准则公告第 2 号》（Statements on Standards for Attestation Engagements No. 2 SSAE No. 2），财务报告内部控制审核应运而生，至此，内部控制评价演变成内部控制审核的鉴证业务。20 世纪初，安然、世通等财务舞弊案件引发了资本市场的动荡，为了保护投资者的利益，强化上市公司管理层的责任，2002 年 7 月美国国会发布 SOX 法案。SOX 法案中的 302 与 404 条款中明令要求上市公司的管理层需要对内部控制的有效性负责，并在对外公开披露财务报告的同时披露经外部独立审计师审计的内部控制自我评价报告，SOX 法案的实施是内部控制审计至关重要的转折点，标志着美国企业的内部控制评价报告由自愿性披露阶段正式进入强制性披露阶段，实现了内部控制审核到内部控制审计的华丽转身。SOX 法案的 404 条款中首次提到内部控制审计相关含义：会计师事务所对上市公司进行财务报表审计并出具财务报表审计报告的同时，还需要对上市公司的管理层设计及执行的内部控制进行外部独立评价，并出具评价报告。随后 PCAOB 颁布的

AS2明确指出内部控制审计的目标是外部独立的审计师对上市公司的财务报告的内部控制有效性发表审计意见。从国内视角来看，2002年3月中注协颁布《内部控制审核指导意见》，明令规定上市公司应聘请外部独立审计师对公司财务报告的内部控制进行审核，并就其有效性发表审核意见，标志着我国进入了内部控制鉴证业务的萌芽阶段。但是不置可否，在此阶段内部控制鉴证业务仅是提供有限保证的审核业务。直至2006年《企业内部控制指引》的颁布，该指引中明令要求上市公司不仅要披露经审计的财务报告，还要披露管理层的内部控制自我评价报告，且需聘任外部独立审计师对内部控制评价报告出具核实意见。为与国际资本市场对内部控制的监管及变革趋势相趋同，推进内部控制的全面施行，2010年财政部等五部委联合发布《企业内部控制审计指引实施意见》，指引中首次以书面规范形式定义内部控制审计：内部控制审计是指会计师事务所接受委托对特定基准日内部控制设计及运行的有效性进行审计。

1.2.3 内部控制审计收费

依据经济学原理，产品的价格受供需双方的影响。内部控制审计服务是会计师事务所接受被审计单位的委托，对其内部控制设计及运行的有效性进行审计，并出具内部控制审计报告的行为。内部控制审计服务是一种产品，其价格为审计师提供审计服务的报酬，价格的形成需经过供求双方的“讨价还价”，是审计市场上内部控制审计服务提供方与需求方之间反复博弈的最终结果。内部控制收费也称内部控制审计定价，是指事务所与被审计单位双方在审计契约中约定的内部控制审计服务的价格。在具体的审计实践中即为，上市公司作为内部控制审计服务的需求方聘请内部控制审计服务的供给方即事务所为其提供内部控制审计服务，双方签订内部控制审计服务契约后，事务所依据内部控制相关规范与审计指引对上市公司内部控制设计及执行的有效性进行审计，并在此基础上出具内部控制审计报告。与此同时，上市公司需要为接受事务所提供的内部控制审计服务而支付相应的报酬，即为内部控制审计收费。

内部控制审计收费较之财务报表审计收费最为主要的差异之处在于审计师提供的审计服务的内容不同故而收取的审计报酬不同。清晰来讲，内部控制审计收费是审计师为上市公司提供内部控制审计服务而收取的审计报酬，内部控制审计主要关注过程。而财务报表审计收费是审计师为上市公司提供财务报表审计服务而收取的审计报酬，财务报表审计主要聚焦于结果。然而两类审计服务不仅存在差异也存在联系：两类审计可以相互印证。财务报表审计风险评估程序中的重要一项内容是对被审计单位的内部控制进行了解，若是审计师通过风险评估程序认定被审计单位的内部控制有效，在后续的审计环节中拟信赖公司的内部控制，那么审计师需要对公司的内部控制展开内部控制测试来更为审慎地评价公司的内部控制，此项工作为后续的内部控制审计工作打好前期基础做好铺垫。除此之外，若是在执行财务报表审计程序中发现被审计单位存在重大错报，审计师依据职业经验可以合理推断公司的内部控制可能存在缺陷，这为内部控制审计指明方向，从而合理配置审计资源的投入。与之相同的逻辑思路，审计师在执行内部控制审计程序时如果发现公司内部控制存在缺陷，也能为财务报表审计提供需要关注的审计点。

1.2.4 整合审计

2004 年 3 月 PCAOB 发布 AS2《与财务报表审计结合进行的财务报告内部控制审计》，首次以准则的形式提出可将财务报表审计业务与内部控制审计业务联合执行，此理念的提出将内部控制审计业务提升至与财务报表审计业务并重的审计时代。PCAOB 持续关注 AS2 的实施进展，研究发现其中或条款不清晰，或过于关注细节反而影响注册会计师的职业判断，成本效益较低。基于此，2007 年 PCAOB 发布取代 AS2 的 AS5《与财务报表审计相整合的财务报告内部控制审计》，首次以准则的形式提出整合审计，AS5 认为施行整合审计有助于提高审计效率、降低审计成本。引导注册会计师重点关注被审计单位的高风险，及时发现内部控制重大缺陷，节约审计成本，提高审计质量。为全面推动整合审计的施行，2009 年 2 月美国审计质量中心（Center for Audit Quality，CAQ）发布《内部控制整合审计实务经验》，以法律条文的形式提供内部控制审计的实务性操作指南，让全面推广整合审计有迹可循。概括而言即为：统一采用基于风险导向的自下而上的审计方法，将财务报表审计程序中的实质性测试与内部控制测试相结合。中注协《企业内部控制审计指引实施意见》指出，“完全可以将财务报表审计与内部控制审计两项审计工作整合进行，由同一家会计师事务所整合审计，可以减少重复工作提高审计效率，降低审计成本，避免出现审计判断不一致的情形，降低聘任不同会计师事务所审计的负担”。两类审计的重要整合点在于控制测试，其中内部控制审计的控制测试范围更广、可靠性更高，如果审计师在财务报表审计的风险评估阶段判定内部控制有效，在内部控制审计工作中拟信赖上市公司的内部控制，可以减少审计程序，基本上可以替代财务报表审计的控制测试，降低审计成本。通过实质性程序得出的财务报表审计结论，也可以验证内部控制审计过程中控制测试的准确性。如若发现了控制测试阶段未发现的重大错报，可以追加审计程序重新评价内部控制有效性。鉴于财务报表审计与内部控制审计之间的协同作用与联动作用，将两类审计整合进行，实现相互协同、彼此验证，可以优化资源配置，最终提高审计效率，进而可以为降低审计收费提供一定的空间。既有文献中对整合审计的解释主要有如下三种：（1）由同一家事务所对公司执行财务报表审计与内部控制审计界定为整合审计。（2）谢晓燕等（2009）在前一定义的基础上增加审计师实施整合审计计划与审计程序以实现整合审计目标。（3）吴寿元（2012）在前两个定义的基础上提出应将整合审计延伸扩展至整体审计过程中，并将两种审计活动有机结合。

1.2.5 整合审计收费

财务报表审计与内部控制审计可以彼此印证，节约审计时间，提高审计效率，两类审计之间的相互关系使得整合审计应运而生。整合是指在一定条件下使得两种或是更多种事物加强联系，协调共性，优化决策结果。引用营销整合定价来引出整合审计定价经济含义。营销整合定价通常指综合运用产品、促销以及分销策略以期达成最优定价决策效果的整体营销过程。整合审计收费，也称为整合审计定价。整合审计收费（定价）为同一家事务所对上市公司财务报表审计与内部控制审计两项业务的综合收费。整合审计收费从数量上而言是财务报表审计收费与内部控制审计收费之和。从经济含义角度而言，整合审计收费折价为审计师对两类审计业务给予的收费折扣，整合审计收费溢价为审计师对两类审计业务收取的收费溢价。

1.2.6 审计关系匹配

1. 审计关系匹配

客户一般会从其偏好出发来选择与其相匹配的审计师，客户可能偏好审计程序、审计产出以及其与审计师之间的关系等。一般采用审计师与客户之间是校友关系的，共同的教育经历，社会关系等作为审计师客户关系的代理变量，但是审计师与客户之间关系比较复杂。弗朗西斯等（2014）认为可通过财务数据度量审计师与客户匹配程度，但是考虑到财务报表的叙述对于评价公司业绩也至关重要，因此较难单独进行分析。布朗等（Brown et al.，2016）研究中将审计师客户关系匹配定义为在给定审计师客户双方偏好、审计师满足客户偏好的能力条件下，审计师客户双方互选的最终状态。依据审计师审计的客户的财务信息文本披露的相似度来度量审计师客户匹配度，而不是依据客户的财务业绩而进行匹配，通过计算审计师行业聚类的文本分析相似的得分来评价公司审计师变更决策以及增加的匹配度对审计质量的影响。如果客户的偏好有差异，审计师满足客户偏好的能力有差异，那么审计师客户关系的匹配程度也有差异。预测基于审计师客户匹配的审计师选择需要两个条件：（1）客户对审计师的偏好具有差异。（2）审计师满足客户偏好的能力具有差异。如果审计师基本上是无差异的，客户可能仅仅基于价格随机选择审计师。克里斯坦森等（Christensen et al.，2014）认为审计作为一种产品是具备专业性的，即如果客户是基于价格而随机选择审计师，这会让本来具有专业性质的审计服务变成和其他产品一样普遍。此外，如果客户的偏好相同而审计师又存在差异，那么所有的客户可能优先选择相同的审计师，致使审计供给受限。布朗等（2016）认为客户集聚于特定审计师是有原因的，有理由期待特定的客户被特定的审计师所吸引。这意味着，就某种程度而言有着相似审计偏好的公司会选择相似的审计师，受制于潜在的选择限制因素。通过比较个体公司以及特定审计师在同行业中现任客户的相似性，以此创建公司与审计师客户群的匹配程度的代理变量。当一家公司相似于同一审计师审计的其他公司时，假定审计师具有审计此类客户的专长和成本优势。因此，当公司与审计师同行业中的其他审计客户相似时，审计师与客户是匹配的。当公司与审计师现有客户的相似度较低时，审计师与客户的匹配度较低。此外，预计匹配程度低的客户更有可能变更审计师以期找到与其更匹配的审计师。布朗等（2016）研究发现，在审计师水平高的行业集聚客户较之同行业、同年度其他事务所的客户有较高的相似度得分。与现任审计师之间的匹配程度越差，客户变更审计师的可能性就越高，后任审计师通常是具有最佳拟合度的审计师。

2. 审计关系错配

约翰逊和莱丝（Johnson and Lys，1990）认为审计师与客户之间低匹配程度反映审计师审计成本的效率损失。审计师与客户之间错配的一个合理解释是，假设并未限定完全基于成本的角度考虑审计师变更问题。进一步来说，即为假设会计信息文本披露中反映的审计服务、专长、审计质量的改变均与审计师客户匹配相关。客户对审计师的偏好在概念上可以表现为客户期望的可以与特定审计师相吻合的代理变量（比如地理位置、成本、专长、社会关系等）。影响审计师选择决策的因素可能是管理层、审计委员会或者其他，或者是以上三种的结合。管理层需要的审计师是可以进行会计事项合作的，然而审计委员会可能更关注审计师的声誉和能力。对于这些影响因素分配的优先顺序取决于公司内部利益相关者的博弈。审计师与客户的匹配程度由审计师层面与客户层面双方决定。舒（Shu，2000）采用审计师与客户特征例如规模、利润来构建在四大与非四大审计师选择时审计师与客户错配模型，审计师客户匹配度较差更易诱发审计师变更。布朗等（2016）的研究方法提供了更全面的相似性度量方式，即基于完整的财务报表信息披露相似度，然后用来预测任何四大审计师客户关系错配。克里希南（Krishnan，1994）、迪丰和苏布拉曼扬（DeFond and Subramanyam，1998）关于审计师与客户错配关系的研究发现，客户倾向于更换保守型的审计师，聘任能满足公司需求偏好的审计师。私人关系与审计意见购买仅仅是客户选择与其更为匹配的审计师的两个原因。总之，给定审计师与客户充足的变异性，审计师与客户均能获得满足其偏好和需求的匹配者。2005年3月2日的《财会信报》中指出国内审计市场竞争格局为三个市场。其中，三个市场分别为高端市场（在美国、中国香港及新加坡上市的公司)、中端市场(国有控股上市公司、在沪深上市的大规模公司与高科技公司)与低端市场(非国有控股中小规模公司)。国际四大垄断高端市场;国际四大与国内大规模事务所竞相争夺中端市场;国内中小规模事务所占领低端市场。国内审计市场中国际四大与本土所并存,呈现审计双方高端配高端、低端配低端的互选机制,即国际四大与业绩好的大规模客户匹配,非国际四大事务所与业绩差的小客户匹配(王杏芬,2015)。本书将审计关系错配界定为:国际四大审计小规模客户与非国际四大审计大规模客户。

1.3 研究目标与研究内容

1.3.1 研究目标

通过回顾国内外既有的财务报表审计收费、内部控制审计收费、整合审计收费文献,对已有的研究进行系统的梳理,发现其中的问题及不足之处,在既有研究的基础上将发现的问题与不足作为研究方向,从理论与应用方面进行解决。本书有如下研究目标。

(1)本章立足于独特的整合审计制度背景,以2011~2015年沪深主板分开披露财务报表审计收费与内部控制审计收费并执行整合审计的上市公司为研究样本,探讨整合审计模式下财务报表审计收费影响因素,在较为“干净”的环境下将上市公司支付的财务报表审计收费单独剥离出来展开其影响因素的研究,有助于深入了解整合审计模式下审计师对财务报表审计收费的定价策略,在扩展审计收费研究的同时也为整合审计施行提供经验证据。

(2)基于中国制度背景,结合内部控制审计监管及披露政策的变迁,运用经济学相关理论构建内部控制审计收费影响因素模型,以2011~2015年沪深主板披露内部控制审计收费的上市公司为研究样本,检验内部控制审计收费影响因素,揭示上市公司内部控制审计定价的内在规律,加深对内部控制审计服务供需状况和发展态势的了解,为监管部门制定科学的监管政策提供依据。

(3) 运用实证研究方法，以2011~2015年沪深主板分开披露财务报表审计收费与内部控制审计收费，并聘请同一家事务所执行整合审计的上市公司为研究样本，实证考察整合审计模式下两类审计收费之间的交叉补贴关系，并据此检验知识溢出效应和规模经济效应哪一个更具解释力。

(4) 基于整合审计背景研究审计关系错配与整合审计收费，厘清整合审计模式下审计师客户错配机制，揭示整合审计市场中审计师客户行为选择，运用实证研究方法，考察审计师对不同规模客户是否收取差异化整合审计收费。

(5) 基于整合审计背景研究审计师变更与整合审计收费，厘清整合审计模式下审计师变更行为对整合审计收费的影响机制，运用实证研究方法，考察前后任审计师是否存在差异化整合审计收费定价策略，并依据研究结论，为整合审计实务监管政策提供启示。

(6) 通过上述理论分析与实证检验，以期为监管机关以及注册会计师行业组织制定相关的法律法规提供经验证据和决策有用信息，并指明未来的发展方向。

1.3.2 研究内容

本书的研究框架见图1-1。具体研究内容如下。

第1章为绪论。本章主要介绍选题背景与研究意义，并进行相关概念界定，在明确研究目标的基础上叙述本书主要研究内容，介绍研究方法，最后阐述本书几点增量贡献与创新之处。

第2章为文献综述。本章回顾财务报表审计收费文献综述、内部控制审计收费文献综述、整合审计收费文献综述。通过梳理财务报表审计收费影响因素文献，从中获取启发，为构建内部控制审计收费影响因素奠定文献基础。通过梳理内部控制审计收费已有文献，发现研究不足之处，从而证实内部控制审计收费影响因素研究的必要性。通过回顾整合审计收费发现，目前国内外学术界针对整合审计模式下两类审计收费交叉补贴展开理论分析和实证研究较少，本书的选题可以扩展相关领域研究。最后在文献回顾的基础上做出文献述评，发现既有文献的问题不足之处，提出本书研究的学术贡献，为后文的研究打下坚实的文献基础，同时为未来的研究指明方向。

绪论
提出问题
背景分析，理论归纳
选题背景与研究意义
研究目标与研究内容
研究思路与研究方法
文献综述
文献综述
文献回顾、梳理
财务报表审计收费
内部控制审计收费
整合审计收费
理论基础
理论分析
理论演绎
委托代理理论
市场供需理论
审计风险理论
审计保险理论
系统协同理论
实证研究
研究设计
数据收集
整合审计模式下财务报表审计收费影响因素研究
整合审计模式下内部控制审计收费影响因素研究
整合审计模式下两类审计收费交叉补贴关系研究
审计关系错配与整合审计收费
审计师变更与整合审计收费
结论
结论建议
结论建议
研究结论
政策建议
研究不足与展望
研究思路
研究内容
研究方法

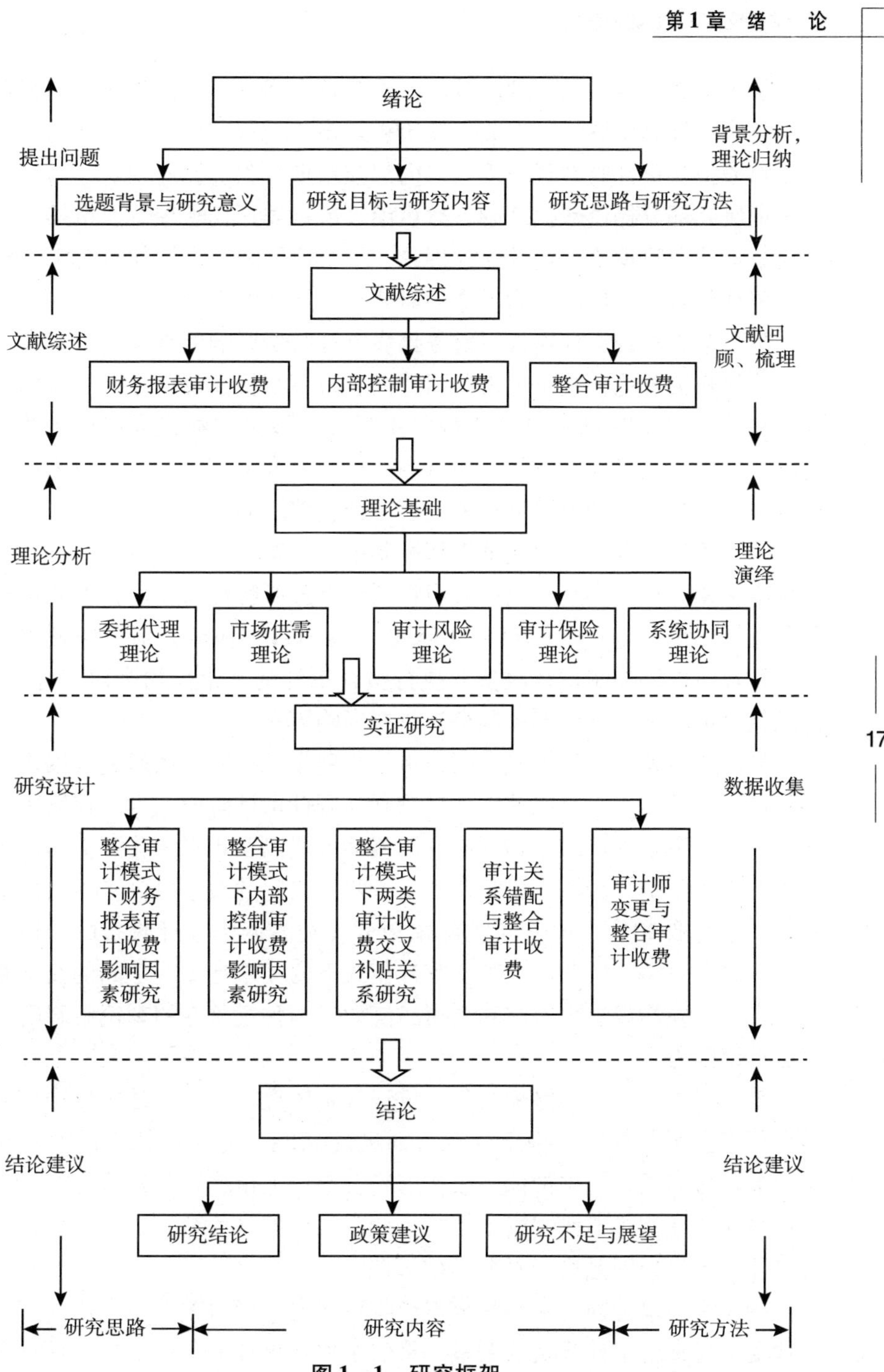

图1-1 研究框架

第 3 章为制度背景与理论基础。本章首先回顾内部控制审计制度背景与整合审计制度背景，对其变迁历程与现状进行分析。并在此基础上介绍财务报表审计收费披露现状与内部控制审计收费披露现状，为后文的实证研究部分提供数据基础。然后深入解析委托代理理论、市场供需理论、审计风险理论、审计保险理论、系统协同理论，阐述整合审计模式下审计收费作用机理，为后文的研究打下坚实的理论基础。

第 4 章为整合审计模式下财务报表审计收费影响因素研究。本章依据经济学相关理论，基于上市公司特征、事务所特征及财务报表审计业务自身特征，以 2011 ~2015 年沪深主板分开披露财务报表审计收费与内部控制审计收费并聘请同一家事务所执行整合审计的上市公司为研究样本，探究整合审计模式下财务报表审计收费影响因素。

第 5 章为整合审计模式下内部控制审计收费影响因素研究。本章依据经济学相关理论，基于上市公司特征、事务所特征以及内部控制审计服务特征三个视角，以 2011 ~2015 年沪深两市主板分开披露财务报表审计收费与内部控制审计收费并执行整合审计的上市公司为研究样本，探究整合审计模式下内部控制审计收费影响因素。

第 6 章为整合审计模式下两类审计收费交叉补贴关系研究。国内的内部控制审计逐步由自愿性审计过渡到强制性审计阶段，内部控制审计服务与财务报表审计服务的双向资源流动方式以及年报中公开披露的内部控制审计收费，为深入研究两类审计收费之间的关系提供了难得的契机。本章选取 2011 ~2015 年沪深主板分开披露两类审计收费的上市公司作为研究对象，实证研究整合审计模式下两类审计收费之间的交叉补贴关系，检验知识溢出效应和规模经济效应两种竞争性的理论解释哪一个更有说服力。

第 7 章为审计关系错配与整合审计收费研究。国内审计市场中国际四大与本土所并存，呈现审计双方高端配高端、低端配低端的互选机制。本章另辟蹊径，以沪深主板实施整合审计上市公司为研究样本，试图在整合审计背景下研究资本市场审计关系错配（大所审计小客户，小所审计大客户）对整合审计收费的影响。

第 8 章为审计师变更与整合审计收费研究。探讨整合审计模式下审计师变更与整合审计收费的关系，聚焦于整合审计业务供给方即审计师视角，探讨整合审计模式下审计师变更是否会对整合审计收费产生影响。探讨交易成本论与信息披露理论究竟哪一个的解释力度更强，初始审计定价折扣究竟是正当的审计市场竞争行为还是恶意低价揽业行为，以及审计师变更方向对整合审计收费存在差异化的影响。

第9章为研究结论、政策建议与未来展望。本章将根据前面章节中理论分析和实证检验的结果总结归纳本书的主要研究结论。同时，依据研究结论提出相应的政策建议。最后在分析本书研究不足的基础之上指出未来可能的研究方向。

对本书实证研究主体的五部分做出如下补充说明：本书第4章探讨整合审计模式下财务报表审计收费的影响因素，第5章探讨整合审计模式下内部控制审计收费影响因素研究，第6章是在第4章与第5章研究的基础上探究整合审计模式下财务报表审计收费与内部控制审计收费的交叉补贴关系。由此可见，实证研究的第4~6章关注整合审计模式下审计收费的研究。而第7章与第8章将整合审计模式下财务报表审计收费与内部控制审计收费之和，即整合审计收费作为被解释变量展开研究，由于审计收费主要是审计师与客户双方多次博弈、讨价还价的结果，因此，第7章与第8章基于审计师以及客户视角研究在整合审计模式下对审计收费的影响。第7章探讨审计师客户关系错配对整合审计收费的影响，是基于审计师客户关系的静态视角即为分年度考察审计师客户错配对整合审计收费的影响。第8章主要探讨审计师变更对整合审计收费的影响，是基于动态视角考察发生审计师变更时前后任审计师采取的审计收费策略。上述即为本书实证研究章节的逻辑思路。

1.4 研究方法

本书将规范研究与实证研究相结合，规范分析内部控制审计与整合审计制度背景并进行理论分析，提出研究假设。在此基础上采用实证研究方法构建模型验证研究假设，最后得出研究结论并依托于此提出相关政策、建议。依据本书的研究目标与研究内容，后续研究中具体采用如下研究方法。

（1）文献综述部分：采用科学的文献检索方法，对国内外涉及财务报表审计收费、内部控制审计收费、整合审计收费相关文献进行系统的回顾与梳理。

（2）制度背景与理论分析部分：沿着内部控制审计与整合审计发展脉络进行制度背景解析。深入解析委托代理理论、市场供需理论、审计风险理论、审计保险理论、系统协同理论，采用逻辑分析方法阐述本书理论机理。

（3）实证检验部分：样本数据部分采用手工搜集与公开获取渠道整理相结合的方法，在文献回顾、制度背景解析与理论分析的基础上，构建实证模型，并结合描述性统计、相关性分析、组间差异分析、逐步回归分析、多元回归分析等方法，验证研究假设。

1.5 增量贡献与创新

本书预期的增量学术贡献与创新之处如下。

（1）内部控制审计收费情况公开对外披露，为研究内部控制审计收费的影响因素提供了难得的机遇。本书以 2011～2015 年沪深主板单独披露内部控制审计收费的上市公司为研究样本，从上市公司特征、会计师事务所特征以及内部控制审计业务自身特征三个视角出发，探究整合审计模式下内部控制审计收费的影响因素，以期为整合审计模式下内部控制审计收费影响因素研究提供经验证据，扩展研究视野，补充内部控制审计经济后果研究文献。

（2）立足国内整合审计制度背景，采用公开获取的数据构建实证模型，探讨整合审计模式下内部控制审计收费与财务报表审计收费之间的交叉补贴关系，为整合审计实施提供经验证据，扩展整合审计理论研究，丰富整合审计经济后果研究文献。

（3）结合国内整合审计市场特点，基于整合审计背景另辟蹊径研究审计关系错配与整合审计收费之间的关系，弥补现有的审计师客户选择行为研究的不足，补充整合审计经济后果研究文献，深度了解整合审计收费决定因素，为进一步推行整合审计提供参考，有助于制定合理的收费区间。

（4）结合国内整合审计市场特点，基于整合审计背景聚焦于整合审计业务供给方，即审计师视角，立足于动态视角考察发生审计师变更时前后任审计师采取的审计收费策略。探究审计师变更对整合审计收费的影响机制，以及审计师变更方向对整合审计收费的差异化影响。扩展审计师变更行为研究，为整合审计市场初始整合审计收费折扣提供经验证据。

第2章 文献综述

依据本书主题及研究目标，本章围绕财务报表审计收费、内部控制审计收费、整合审计收费三方面对国内外既有相关文献进行回顾与梳理，系统了解相关领域研究现状，以期在既有研究文献基础上发现研究不足之处，在此基础上体现本书研究的增量贡献与学术价值，并为后续章节的研究提供丰富的文献依据。

2.1 财务报表审计收费文献综述

审计收费通常指审计服务供需双方对事务所为公司提供的审计服务进行多次博弈、反复讨价还价最终达成的价格，因此也称审计定价。审计收费影响因素是实务界（注册会计师协会，监管机构，物价部门等）与理论界关注的焦点，也是审计收费研究的基础。西穆尼奇（1980）将独立审计业务视为公司财务报告系统中的不可或缺的组成部分，上市公司规模以及其业务的复杂程度、审计风险等会促使外部审计师付出不同程度的审计努力，对差异化的审计风险领域配置相应的审计资源，进而影响到审计收费的多少。国外经验数据显示，被审计单位规模是最关键的审计收费影响因素，其解释力度高达70%。相关研究验证公司业务复杂程度、审计风险、审计师规模与审计收费呈显著正相关。后续关于审计收费的研究大多沿袭西穆尼奇（1980）的审计收费模型，并未对模型进行实质性的修改，只是基于不同的研究视角而在此模型基础上加入新的控制变量。过往的三十多年间，后续的学者将此模型进行推广，应用于不同的国家地区及各种细分市场。涉及的国家包括但不限于美国、英国、芬兰、加拿大、澳大利亚、新西兰、新加坡等。涉及的细分市场包含保险市场、审计市场、养老金市场等。国内审计收费的研究多为在借鉴西方研究模型的基础上，基于国内的制度背景，验证审计收费影响因素模型在国内的适用性。

审计收费是审计市场研究中经久不衰的问题之一。对于实务界而言，研究审计收费影响因素有助于打开审计定价黑箱，为制定科学的审计收费提供标准与指导。对于政策监管者而言，审计收费研究有助于增强其对审计市场的了解，深入洞察审计市场主体行为，从而制定更为严谨、实用、科学的监管策略；有助于了解审计市场竞争状况，诸如审计市场中是否存在低价揽业或是审计折扣行为等；有助于了解审计师行为，诸如审计师如何选择客户、审计独立性、审计质量高低、是否存在审计意见出售行为等。西穆尼奇（1980）首次对审计收费展开研究，经过30多年的发展，已逐步成为较为成熟的研究领域。国内审计收费研究始于王振林（2002），已历经十多年的发展，积累了大量的研究成果。审计收费是审计市场的重要组成部分，收费水平的高低主要受到以下因素影响：①审计服务的需求方特征（客户特征），诸如客户公司规模、客户复杂程度、客户风险、客户组织结构等。②审计服务供给方特征，诸如审计师声誉、审计任期、审计契约特征、审计师位置等。③审计市场特征（事务所市场战略），诸如审计师客户选择、审计师与客户关系、是否提供非审计服务等。依托上述逻辑进行相关文献回顾。

2.1.1 客户特征与审计收费

在审计实务中公司是事务所的审计客户，审计收费是事务所与客户之间反复博弈、讨价还价的结果，所以审计服务供给方事务所特征以及审计服务需求方客户特征均会影响审计收费。通过回顾与梳理国内外审计收费文献总结发现，影响审计收费的主要客户特征包括：客户规模、客户复杂程度、客户风险、客户组织结构等。

1. 客户规模与审计收费

既有的审计收费影响因素研究中客户规模对审计收费的解释力度最高，海伊等（Hay et al.，2006）研究文献表明最高解释力度高达70%。公司的规模影响事务所审计资源投入，诸如审计师耗费的审计工时与投入的人力资源成本等。一般而言，公司规模与审计收费显著正相关。文献中大多采用客户资产作为公司规模的代理变量，帕莫罗斯（Palmrose，1986）、古尔和津井（Gul and Tsui，2001）、伍利娜（2003）、李寿喜（2004）、艾博特（Abbott，2006）、贝尔等（Bell et al.，2008）、谢尔曼和克内切尔（Schelleman and Knechel，2011）都验证了客户规模是影响审计收费的重要因素之一。哈肯布鲁克和霍根（Hackenbrack and Hogan，2005）、克内切尔等（2009）采用收入或是利润总额作为公司规模的代理变量，同样验证了审计收费与公司规模呈正相关关系。

2. 客户复杂程度与审计收费

既有的文献中从两个角度来阐述客户复杂程度，分别是客户本身的复杂程度与客户所在行业的复杂程度。西穆尼奇（1980），哈肯布鲁克和克内切尔（1997）发现客户本身的复杂程度越高，给审计师带来的审计风险及需要付出的额外的审计努力越多，直接加大审计难度，配置更多的审计资源，故而收取高额的收费作为补偿。戴维斯等（Davis et al.，1993），贝尔等（2001），多普奇等（Dopuch et al.，2003），朱小平、余谦（2004），克内切尔（2009），张铁铸、沙曼（2014）相关研究文献中对客户本身的复杂程度采用的代理变量包含纳入合并报表子公司数量、海外分公司数量、业务涉及行业数量、业务分支机构数量、被审计地点个数等。研究结论证实客户本身复杂性与审计收费呈显著的正相关。采用客户所在行业复杂性来度量客户复杂程度。行业性质与审计的难易程度相挂钩，行业类别不同，其资产与负债的构成存在较大差异，给审计师带来的审计工作难易程度不同。诸如，金融行业与公用事业的资产负债结构较为简单，审计难度较小；存在大量存货或是应收账款的行业审计难度较大，需要耗费更多的审计工时，付出更多的审计努力，收取高额审计费用。

3. 客户风险与审计收费

客户风险通常包含客户固有风险、盈利风险与控制风险。一般而言，客户的固有风险越高，审计风险越大，投入更多的审计资源，耗费更多的审计工时，实施更为细致的审计程序，付出额外的审计努力，审计师收费的风险溢价补偿越多。通常借鉴西穆尼奇（1980）的研究采用存货与应收账款占总资产的比例来衡量客户固有风险的高低。也有大量研究采用公司的盈余管理程度来衡量固有风险。伍利娜（2003），张继勋、徐奕（2005），谢尔曼和克内切尔（Schelleman and Knechel，2010）的研究中采用净资产收益率（ROE）或是总资产收益率（ROA）以及是否亏损来衡量客户的盈利风险。

国外相关研究证实审计师对高审计风险客户收取审计风险溢价。国内相关研究采用上市公司的盈余管理程度来度量审计风险，探究审计风险对审计收费的影响，呈现两种截然相反的观点：①盈余管理行为蕴藏的审计风险体现在审计收费之中，盈余管理行为与审计收费正相关。②盈余管理行为蕴藏的审计风险并未在审计风险中体现，盈余管理行为与审计收费负相关。

审计收费与盈余管理正相关方面：国外相关研究认为公司的盈余管理与审计收费正相关，证实审计师对高审计风险客户收取审计风险溢价。迪丰（1998）发现，公司的操控性应计项目金额越高，审计师受到起诉的风险越大，相应收取风险溢价补偿。崔等（Choi et al.，2011）将真实盈余管理与应计盈余管理相对比，发现真实盈余管理与审计收费正相关，且在后SOX时代表现更为明显。国内相关研究采用上市公司的盈余管理程度来度量审计风险，研究发现审计师能有效识别上市公司的盈余管理行为，为降低审计风险收取高额审计费用（曹琼等，2013），大规模事务所识别盈余管理的能力更强（章永奎、刘峰，2002）。吴水澎、李奇凤（2006）证实国际四大审计客户的可操控性应计显著低于国内十大事务所审计客户的可操控性应计。蔡利等（2015）研究证实审计师能识别真实活动盈余管理，并将其作为风险因素在审计定价决策中予以考虑，审计师需要付出额外的审计努力来降低审计风险，进而提高审计收费。一般而言，事务所预期盈利能力较弱、经营绩效较差的客户的审计风险较高，收取高额的审计溢价补偿。

审计收费与盈余管理负相关方面：伍利娜（2003）基于公司应对监管政策的盈余管理行为视角探讨公司盈余管理行为对审计收费的影响。公司业绩处于微利区间则其支付较低的审计费用，如果公司业绩处于配股区间则支付较高的审计费用。漆江娜（2004）的研究发现相似结论。李爽、吴溪（2003）采用非营业利润比重度量公司盈余管理行为，研究亦发现公司盈余管理行为与审计收费负相关。上市公司盈余管理行为蕴藏的审计风险并未体现在审计收费当中，审计师对此类公司行为的风险感知度并不明显，究其原因可能有以下解释：①2001 年国内证券市场监管政策发生重大变化，若是采用上市公司 ROE 所在区间分段来设置虚拟变量度量公司盈余管理程度，可能是模糊的度量方法，难以反映公司的盈余管理行为。此外，采用非主营业务利润比重此种单一指标也较难衡量公司盈余管理行为。度量指标选用的合理性会影响研究结果。②当上市公司缺乏高质量的审计需求时，审计收费的主导决定权掌握在上市公司手中。公司的盈余管理行为所蕴含的审计风险主要通过审计师发表的审计意见来得以体现（李爽、吴溪，2003）。此时，审计收费与财务报告非标准审计意见正相关，而对盈余管理行为的审计风险敏感性较低。宋衍蘅、殷德全（2005）以发生事务所变更的公司为研究样本，采用操控性应计项目度量公司盈余管理，实证考察公司盈余管理行为对审计收费的影响，研究发现后任审计师对不同类型的公司收取差异化的审计费用。后任审计师认为盈余管理动机较强的公司存在较高的审计风险，为将审计风险降至可接受的水平，审计师需要为此耗费额外的审计努力，投入大量的审计资源，故而收取高额的溢价补偿。后任审计师对那些财务状况持续恶化的公司，综合考察其支付能力，收取较低的审计费用。盈余管理、审计风险与审计收费的研究有助于加深信息使用者对资本市场中事务所行为的理解。立足于国内制度环境，事务所审计风险往往与政府监管政策休戚相关。2001 年监管部门对公司变更审计师实施严格监管，事务所在审计契约谈判商定审计收费时将其视为审计风险予以考虑，且后任审计师对审计风险的认知更为敏感。因此，公司盈余管理行为所蕴含的审计风险在后任审计师的审计收费中得到更为充分的体现。这也为后续研究奠定基础并指出方向，在国内资本市场审计中，能直观且可靠地度量公司审计风险的究竟是哪些因素，值得深入探讨。

4. 客户组织结构与审计收费

客户组织结构对审计收费的影响，主要集中体现在公司所有权结构与公司治理及内部控制等方面。

（1）公司所有权结构与审计收费。独立审计的逻辑起点在于公司所有权与经营权的分离，外部独立审计在其中起到监督并降低信息不对称的作用，减轻并缓解委托人与代理人之间的冲突，达到降低交易成本的目的。公司所有权安排将对公司内部治理结构产生重要影响，引发委托代理关系冲突，影响独立审计需求。国内上市公司多数实际控制人为国有控股而且股权较为集中，在此制度安排下研究公司治理与审计收费之间的关系尤为关键。

公司的组织结构越复杂为审计师带来的审计风险越高，审计难度越大，进而收取高额的审计收费，既有文献中通常采用实际控制人性质、大股东持股比例、机构投资者持股比例等来衡量公司的组织结构。上市公司的实际控制人身份会影响会计师事务所的选择，国有公司普遍存在所有者缺位及特殊的代理问题。国有控股上市公司所有者人格化主体缺位，实际控制人委托管理人员执行相关的控制职能，增加了公司代理链条的长度。事务所在进行审计收费时，对不同产权性质的上市公司具有较大区别的收费倾向。通过回顾与梳理国内既有研究文献总结发现，实际控制人是国有控股的公司支付的审计收费显著低于非国有上市公司（郭梦岚、李明辉，2009；刘霞、刘峰，2013）。也有部分研究认为国有上市公司因其过长的管理链条以及较高的风险管理要求，更倾向于选择高质量的会计师事务所对其进行审计，愿意支付更高的审计收费，向市场传递积极信号（蔡吉甫，2007）。

（2）公司治理与审计收费。上市公司治理结构从本质而言是合理配置控制权与索取权的契约集合，是为实现有效监督公司运营管理的系列制度安排（张兆国，2004），公司治理是内部控制产生及发展的重要环境基础（阎达五、杨有红，2001），故而公司治理机制直接影响内部控制设计及执行的有效性，进而影响外部审计师审计风险评估与审计资源投入。因此，部分学者认为应在审计收费影响因素中考虑公司治理的重要作用。外部独立审计与内部公司治理相互关联，公司治理良好一定程度上表明公司控制环境较好，降低审计风险，审计师给予审计收费折扣。卡切罗（Carcello，2002），刘明辉、胡波（2006），海伊（2010）等采用是否设立审计委员会、审计委员会成员中董事结构、董事长与总经理是否两职分离、董事会中非执行董事的数量、董事会会议次数等来衡量公司治理。公司代理冲突越高越倾向于聘请收费高的国际四大进行审计以降低代理成本。刘明辉、胡波（2006）实证研究证实上市公司独立董事占比、管理层持股及董事长总经理两职合一等均显著地影响审计收费，进一步证实公司治理对审计收费的显著作用。蔡吉甫（2007）也从公司治理角度探讨影响审计收费的组成因素，基于董事会的视角展开研究证实董事会规模与审计收费呈正相关，并进一步区分产权研究发现，实际控制人为国有控股的上市公司及董事长总经理两职合一的非国有控股公司支付较低的审计费用。之前关于公司治理变量的度量较为零散可能存在遗漏变量的问题，潘克勤（2008）的研究采用综合的公司治理指数代指公司治理质量来研究其对审计收费的影响，实证考察发现上市公司的公司治理指数越高，事务所收取的审计费用越低，进一步将事务所进行细分研究发现大所尤其是国际四大收取的费用更低。郭梦岚和李明辉（2009）从公司股权结构组成视角研究其对审计收费的影响，证实控制权为国有控股的公司支付的审计收费显著低于非国有上市公司，而在非国有上市公司中管理层持股与审计收费呈 U 形的趋势。

（3）内部控制与审计收费。目前而言，既有研究中关于内部控制与审计收费关系研究存在两种截然相反的结论：事务所并未对存在内部控制缺陷的公司收取高额的审计收费。与之相对应，对于存在内部控制缺陷的上市公司事务所收取高额审计收费溢价补偿。克内切尔（2001）认为上市公司内部控制的差异性对审计程序有不同程度的敏感影响，因而可以预期公司内部控制质量水平的差异性可能对审计收费有不同的影响。内部控制审计风险较高时，审计师通常会增加实质性程序以此来降低检查风险。因此，当上市公司存在内部控制缺陷时，审计师需要增加更多的审计程序，投入更多的审计资源，通常来说上市公司的内部控制缺陷越严重，审计师收取的审计收费越高。国外学者基于外部独立审计及内部控制这两者在公司运营中发挥的不同作用视角来深入探讨内部控制对审计收费的影响机制，主要存在两大主流观点："替代论"与"互补论"。其中，"替代论"主张内部控制与外部审计存在替代效应，西穆尼奇（1980），拉贡南丹和拉玛（Raghunandan and Rama，2006），霍根和威尔金斯（Hogan and Wilkins，2008）发现上市公司内部控制质量较高，其相应的审计风险较小，审计师对高质量内部控制客户会适当减少审计程序，耗费的审计成本较低。"互补论"认为内部控制与外部审计存在互补效应，基于信号传递机制，上市公司为维护其良好的形象以获取投资者信任，会自发自觉设计及执行高质量的内部控制，倾向于聘任声誉高的外部审计师，支付高额的审计费用。

既有的关于内部控制对审计收费影响相关文献中大多基于 SOX 法案实施后内部控制缺陷与内部控制质量视角而展开。AS2 的施行引发了学者们研究内部控制的热潮，大量学者对内部控制审计施行效果展开追踪研究。霍根和威尔金斯（2008）研究发现当审计师认为公司存在内部控制缺陷时，为降低审计风险会扩大审计范围，耗费更多的审计资源来实施更为细致的审计程序，审计师将付出更多的审计努力投入更多的审计工时，进而收取高额的审计收费。此外，内部控制是上市公司运行机制的重要组成部分，主要起到制衡作用，若是内部控制存在较高的风险，在一定程度表明公司整体亦可能存在较高风险，审计师会收取高额风险溢价补偿。霍伊塔什等（Hoitash et al.，2007）证实上一年度公开披露内部控制缺陷的公司会支付较高的审计费用，审计师依据职业判断认为公司上年度的内部控制缺陷可能在本年度还尚未修正，对本期财务报告产生影响，为降低审计风险，审计师付出额外的审计努力收取高额审计费用作为补偿。霍伊塔什等（2008）进一步证实上述研究结论，并发现审计师依据差异化的内部控制缺陷程度水平收取差异化的审计收费。霍根和威尔金斯（2008）研究发现，较之未披露内部控制缺陷的上市公司，审计师对 SOX 法案施行后披露内部控制缺陷的上市公司收取高额的审计收费溢价，平均溢价高达 35%。约翰斯通和贝达德（Johnstone and Bedard，2008）发现审计师对存在内部控制缺陷的上市公司实施更多的审计程序扩大审计范围，耗费更多的审计工时，故而收取高额审计收费来弥补其付出的高强度劳动投入。从上市公司是否持续披露内部控制缺陷探讨其对审计收费的影响，考察发现那些持续性披露相同的内部控制缺陷的公司付给事务所的审计收费明显高于连续披露差异化内部控制缺陷的上市公司。深入探究证实审计收费存在“黏性”，审计师对以前年度的内部控制缺陷收取高额的风险溢价，国际四大收取的溢价补偿显著高于非国际四大。

国内内部控制发展滞后于国外，通过回顾与梳理现有研究可知国内内部控制与审计收费研究基本也是立足于内部控制缺陷与内部控制质量视角。国内相关学者证实上市公司对外公开披露内部控制审计报告有助于改善财务报告质量提高其可靠性程度，有利于及时预防和发现财务报告中存在的错报或是漏报风险。综合而言，审计师认为存在内部控制缺陷的公司审计一般存在较高的审计风险，审计师需要扩大审计范围配置更为专业的审计人员执行更为详尽的审计程序，付出更多的审计努力，故而收取高额溢价补偿（张敏、朱小平，2010；盖地、盛常艳，2013）。王守海、杨亚军（2009）基于内部控制质量的视角研究其对审计收费的影响，发现内部控制质量的高低与审计收费呈负相关关系，即公司的内部控制质量越高支付的审计费用越少。张龙平等（2009）追踪国内外内部控制审计制度的发展历程并进行回顾与归纳总结，认为财务报表审计业务与内部控制审计业务这两类审计业务应是相互平行的审计制度安排，实施内部控制审计极具理论价值与实践意义。谢晓燕等（2009）考察探究内部控制审计产生的实质动因，总结发现履约受托经济责任以及降低公司信息不对称是诱发内部控制审计产生的重要原因，是其逻辑起点。王杏芬（2011）实证考察发现财务报表审计业务与内部控制审计业务两者存在正向协同效应，彼此之间的相互协同影响有助于改善财务报告信息质量。亦有国外研究者赞同执行内部控制审计有助于降低交易双方的信息不对称，进而改善财务信息质量，最终达到提高审计质量的效果。张宜霞（2011）以在美国上市的大陆公司为样本研究内部控制审计收费的影响因素，发现内部控制缺陷存在“极反效应”，内部控制失效的公司反而支付较低的审计收费，前一年度披露了内部控制缺陷的上市公司的审计收费不升反降。霍伊塔什（2008），霍根和威尔金斯（2008）研究发现事务所通常会对存在内部控制缺陷（包含重大缺陷以及重要缺陷）的公司收取较高的审计收费来弥补付出的额外的审计努力。戴捷敏、方红星（2010）基于风险视角研究审计收费，发现审计师同样关注诉讼风险与内部控制审计风险，对内部控制质量较差的上市公司收取高额的风险溢价。陈娇娇、周芳竹（2016）以 2011 ~ 2014 年沪深主板 A 股上市公司为研究对象，实证考察管理者背景特征及内部控制与公司支付的审计收费之间的关联，发现内部控制质量的高低对公司管理者背景特征及审计收费影响起到不同程度的抑制与增强作用。杨艳文、余德慧（2016）实证考察执行内部控制审计前后审计收费的变化，证实执行内部控制审计业务之后公司支付更高的审计费用。

2.1.2 审计师特征与审计收费

既有关于审计师特征对审计收费影响的文献中，主要基于审计师声誉、审计任期、审计契约特征、审计师位置等视角。

1. 审计师声誉与审计收费

既有文献中通常将审计师声誉视为审计质量，一般而言，国际四大的审计师的美誉度响彻全球，声誉较高，所以国际四大审计质量也较高。当公司聘请声誉高的审计师进行外部审计获取较高质量的审计服务时需要支付高额的审计费用。国外研究按照事务所规模或是其品牌声誉将事务所分为国际四大与非国际四大两类。西穆尼奇（1980）对事务所规模与审计收费之间的关系提出三大假设：垄断势力假设、异质产品假设、规模经济假设。其中垄断势力假设认为大规模事务所占有较高的市场份额形成审计市场的垄断势力，大规模事务所为获取高于平均水平的垄断利润将会运用其对市场的控制力制定高额审计定价，因此，事务所规模与审计收费正相关。异质产品假设认为鉴于信息使用者难以感知事务所的审计质量，因而选择信息使用者可感知的事务所的规模及品牌来衡量审计质量作为其替代品，通常来说国际四大的审计服务质量更高，高质量的服务需要收取高额溢价，事务所规模与审计收费正相关。规模经济假设认为大规模事务所易于吸引优秀人才，为员工提供专业培训，提升业务素质，具备行业专长优势。大规模事务所审计客户较多，可摊薄其审计成本，因而收取较低的审计费用。

国内审计市场集中度低于国外审计市场，国际四大在国内审计市场中并未占据垄断地位。审计师规模、声誉与审计收费之间的关系较为复杂，关于国际四大是否有审计收费溢价存在差异化的争论。国内审计市场对于事务所规模的划分主要包含以下情形：按所审计客户资产规模划分、按品牌划分、按规模与品牌划分。①按审计客户资产规模划分，可将事务所划分为十大与非十大、二十大与非二十大。李爽、吴溪（2004）研究证实十大与非十大的审计收费未存在统计意义上的差异。刘斌等（2003）发现二十大与非二十大的审计收费也未存在显著差异。上述研究与直觉逻辑不符，究其原因可能在于研究数据选自 2001 年，当时的审计收费信息披露不全面，研究样本量较小，影响研究结论的可靠性。因此，后续研究以此为基础扩大样本量后发现二十大收取高额审计收费溢价（王善平、李斌，2004）。陈冬华、周春泉（2006）基于样本自选择视角研究审计师规模与审计收费之间的关系，研究证实自选择问题显著影响审计收费，在控制自选择因素之后大所调低审计收费，小所调高审计收费。若是对审计师客户关系重新配置，选择大所审计的客户如果选择小所进行审计，审计收费会显著下降，表明该类客户倾向于选择提供高质量服务的大规模事务所，愿意支付高额审计收费；反之，选择小所审计的客户如果选择大所进行审计，审计收费显著上升，表明该类公司为节约成本而选择小规模事务所。②按品牌将事务所划分为国际四大与非国际四大。漆江娜等（2004）证实国际四大收取高额审计收费溢价，此外，国际四大审计客户的操控性应计项目显著低于其他事务所审计的客户，基于此，将国际四大的审计收费溢价归因于其提供的高质量的审计服务即声誉溢价。吴溪（2006）发现国际五大在法定审计业务中未收取收费溢价却在补充审计市场中获取溢价收入，深入探究发现法定审计市场竞争较为激烈，而在补充审计市场中国际五大占据垄断地位，初步表明国际五大审计收费溢价收入源于其市场垄断势力。③按规模与品牌划分为国际四大、国内五大以及其他事务所。李连军（2004）将事务所按品牌与规模划分为三类，研究发现国际五大审计收费高于非国际五大，国内五大审计收费高于其他事务所，将事务所审计师收费溢价归因于声誉与品牌溢价。

克莱因和莱夫勒（Klein and Leffler，1981）研究发现一旦事务所建立优质品牌，审计师为维护品牌形象会自发提升专业胜任能力提供高质量审计服务，大所与小所审计收费差异源于品牌声誉。德安杰洛（DeAngelo，1981）认为大规模事务所的专业胜任能力强于小规模事务所，且大规模事务所声誉受损将会失去更多的获取准租的机会，声誉高的审计师收取品牌溢价。漆江娜等（2004）证实享有国际声誉的四大事务所收取高额的审计收费溢价，大规模上市公司愿意为获取优质品牌事务所的服务支付高额审计费用。此外，还证实国际四大的审计客户的盈余质量高于本土事务所的审计客户。与此同时，审计师声誉具有信息传递功能。巴查尔（Bachar，1989）发现为降低资本市场信息不对称而引发的逆向选择风险，上市公司倾向于聘请声誉高的审计师以期传达其投资风险较低的优质信号；审计师为维护其良好声誉，需要提供优质服务以期获得客户的持续信任，收取高额审计收费。费尔斯（Firth，1990）认为审计师声誉受损将削弱其保留老客户与吸收新客户的能力，致使市场份额降低。

2. 审计任期与审计收费

既有研究中审计任期对审计收费的影响，存在两种截然不同的观点。观点一认为，审计任期与审计收费负相关，即审计师的任期时间越长收取的审计收费越低。依据学习效应，审计师任期越长对客户的了解越深，越可以与客户建立长期合作关系。从审计师视角而言，可以节约其寻找客户的成本、谈判成本等。与此同时，随着审计任期的延长，审计师可以加深对客户的了解，知悉客户易于存在内部控制缺陷之处以及可能发生重大错报的高风险领域，从而可以优化配置审计资源，向高审计风险领域投入更多的审计资源，保证审计质量提高审计效率。从上市公司角度而言，变更审计师需要付出额外的成本，诸如在纷繁复杂质量不一的审计市场中挑选审计师，与之进行谈判等，需要付出高额的交易成本。因此，审计师任期越长越有助于减轻上市公司寻找审计师的交易成本。此外，公司与任期长的审计师合作，彼此之间逐渐熟识，能形成良好的合作氛围，审计师与客户之间相互配合彼此的工作，提高审计效率。观点二基于审计师变更视角来探讨审计师任期对审计收费的影响。研究发现审计师变更会发生低价揽业行为，审计师为获取新客户未来的准租而给予审计收费折扣，初次签订审计契约时审计收费较低。低价揽业（low balling）通常是指审计师在首次签订审计契约书时约定的审计收费低于审计成本。国内审计市场集中度低，“僧多粥少”，审计市场价格竞争尤为激烈。监管者与研究者尤为重点关注事务所低价竞争行为引发的经济后果，关注低价竞争是否扰乱审计市场有序运行。西蒙和弗朗西斯（Simon and Francis，1988）基于审计师变更视角考察初始审计定价折扣，发现审计师在签订初始审计合约时给予的审计折扣约 24%，在审计合约的第二年与第三年的审计折扣为 15%，直至审计合约的第四年才收取正常的审计收费。桑卡拉古鲁瓦米和威森特（Sankaraguruswamy and Whisenant，2009）发现审计收费折扣程度随审计任期增加而逐渐减缓，表明审计收费折扣模式并非一成不变。

王振林（2002）研究发现，1998 年实施的“脱钩改制”时期，上市公司审计收费与审计师变更呈显著的负相关关系，即后任审计师在初次签订审计契约时收取较低的审计收费，初步表明审计市场中存在低价揽业行为。1999 年注册会计师协会出台事务所最低审计收费的相关规定在一定程度缓解了审计市场低价揽业现象，在实证研究上表现为审计师变更与审计收费之间不存在显著的相关关系。相关学者在 2000 年进行后续追踪研究也尚未发现低价揽业行为的普遍存在（刘斌等，2003）。李爽、吴溪（2004a）将审计师变更展开细化研究，将审计师变更进行分类，分为监管诱致型变更与自愿型变更。实证考察发现，在监管诱致型变更情形下，后任审计师收取高额审计收费溢价，而自愿型变更未发现相似现象。究其原因可能在于监管诱致型变更具有信号传递效应，向后任审计师传达监管信号，进而提高后任审计师对上市公司审计风险的敏感度，收取高额审计收费。李爽、吴溪（2004）研究审计任期与审计收费之间的关系。将审计任期分为首次审计、中长期审计任期、长期审计任期。研究表明在首次审计与长期审计任期情形下客户均支付高额审计费用，而在中长期审计任期下审计客户支付较低的审计费用，初步证实了伴随着审计任期的延长，审计师对客户的审计风险敏感度逐步下降。

3. 审计契约特征与审计收费

基于审计契约特征视角对审计收费的研究主要包含审计报告滞后时限、审计时间是否为繁忙季节等。

（1）审计报告滞后时限。审计报告滞后时限是资产负债表日至审计报告日之间的时限。西穆尼奇（1980）、克内切尔（2001）认为，该段时间间隔较长可能表明审计过程中出现较为复杂的问题，诸如，较为敏感的审计困难或是较为复杂的审计报告等，需要耗费更多的审计工时付出更多的审计努力，收取高额的审计收费。

（2）审计时间是否为繁忙季节。上市公司年报审计时间通常为会计年度结束提交完整的财务报告时，来年的 1 ~4 月份时审计师处于繁忙的工作季节，频繁出差及加班是审计师的经常状态，为应对繁忙的审计工作而耗费超额的脑力及体力劳动，西穆尼奇（1980）发现审计师提供审计业务时若是处于繁忙季节通常收取较高的审计收费。

4. 审计师位置与审计收费

审计师位置与审计收费研究主要包含两种研究方向：审计师经济位置与审计收费，审计师地理位置与审计收费。具体而言，审计师经济位置是指审计师所在地经济发展水平，通常依据经济发展水平分为发达地区与非发达地区，审计师所在地经济发展水平越高，收取的审计收费越高（吕兆德，2007）。

审计师地理位置通常是指审计师所在地理地区，研究文献中一般研究地缘优势对审计收费的影响，具体而言表现为两方面：①审计师所在地区与被审计单位所在地区的地理距离与审计收费的关系。②审计师所在地与客户所在地是否异地与审计收费的关系。一般而言审计师与客户之间的地理位置距离越近，其拥有的地缘优势越明显。审计师与客户所在地处于同一地区或是两地距离较近时，故而在签订审计契约时议价能力越强越能收取高额审计收费。张立民和管劲松（2004）实证研究证实审计师与客户的地缘优势会相应带动竞争优势，国内审计市场有地域分割竞争行为，审计师通常在本地审计市场以及邻近审计市场占据垄断地位，握有较高市场占有率，因此，增加了较远地区的审计师进入本地市场展开竞争的壁垒。国内审计市场中本土所与国际四大并存，“僧多粥少”使得国内审计市场竞争较为激烈，审计师期望在激烈的审计市场竞争中占据优势地位则需要承揽更多的审计业务，扩大市场份额增加市场占有率。其中，进入外地市场包括偏远地区市场获得审计业务是审计师竞争行为选择之一。当审计师所在地与客户所在地是异地或是距离较远时则不存在地缘优势，审计师若想进入异地审计市场则需要不断提高竞争力，采取相应的竞争策略，其中，高审计质量与低审计收费是审计师在异地市场获取竞争优势的两大重要竞争策略。但是相对而言，国内审计市场缺乏高质量的审计需求（刘峰等，2002），故而在缺乏地缘优势的异地市场提供高质量审计服务需要收取高额的审计收费，基于高质量审计服务的低需求加之收取高额的审计收费，会进一步增加审计师进入异地市场的壁垒，可能会阻碍其扩大审计市场份额。因此，审计师在异地审计市场采取低价竞争策略，即审计师所在地与客户所在地不同或是审计师所在地与客户所在地距离较远，则审计收费较低（林川等，2011；李训等，2013；刘文军，2014）。

2.1.3 事务所市场策略与审计收费

事务所市场策略主要包含审计师客户行为选择、审计师—客户关系以及提供非审计业务等。

1. 审计师的客户选择与审计收费

审计费用是审计师与客户多次博弈的结果，审计师可通过制定差异化的审计收费策略来筛选对其有利的客户。西穆尼奇（1980）从客户资产规模视角研究发现大规模客户倾向于选择知名度高的事务所，大规模事务所的审计师的专业胜任能力远高于小所审计师，这源于大所更易吸纳优秀人才且持续提供员工培训。此外，大所的同业复核更为严格。弗朗西斯等（1984）发现操控性应计项目数量多的公司倾向于选择国际六大会计师事务所（以下简称“国际六大”），以期向资本市场传达其盈余质量的可信性。贝克尔等（Becker et al.，1998）研究证实较之国际六大客户，非国际六大客户的操纵性应计更高，在一定程度表明非国际六大客户公司的管理者对操控性应计项目选择拥有更大的自主权与弹性。非国际六大对客户盈余管理行为的容忍度更高。舒（2000）发现审计师倾向于选择低风险客户而拒绝高风险客户，审计师倾向于选择低审计风险客户，客户倾向于选择满足其需求且成本较低的审计师。廖义刚等（2009）证实审计师法律责任演进阶段中大型事务所的客户风险与中小型事务所客户风险水平存在显著差异，大型事务所为规避审计风险维护审计声誉，倾向于选择低风险审计客户。

2. 审计师—客户关系与审计收费

弗朗西斯和斯托克（Francis and Stock，1986）研究发现国际八大会计师事务所（以下简称“国际八大”）规模溢价程度因客户规模大小而存在显著差异，国际八大对其小客户群收取审计收费溢价，在大客户群中收费溢价效应不明显。卡森等（Carson et al.，2004）实证考察澳大利亚审计市场，研究发现审计师对小客户收取高额的溢价而未对大客户收取溢价。切—艾哈迈德和霍顿（Che - Ahmad and Houghton，1996）采用配对方法研究英国中等规模公司对国际六大支付审计收费溢价，并未发现国际六大收取审计收费溢价。古尔（1999）研究证实在香港地区审计市场中国际六大对大小客户群采取一视同仁态度，均收取高额溢价。陈冬华、周春泉（2006）基于样本自选择视角研究审计师规模与审计收费之间的关系，研究证实自选择问题显著影响审计收费，在控制自选择因素之后大所调低审计收费，小所调高审计收费。吴应宇等

（2008）研究表明大客户向国内五大事务所支付高额审计收费溢价，小客户未支付审计收费溢价，可能源于国内五大事务所的市场地位、经营战略及公司差异化需求而导致。刘峰等（2009）以大陆在香港上市公司为研究样本，实证研究事务所规模与审计质量（店大欺客）、客户规模与审计质量（客大欺店）的关系，研究结论证实“店大欺客”，大规模事务所收取高额审计收费溢价却并未提供高质量审计服务。王杏芬（2015）以2012年首次进行内部控制审计的上市公司为样本，实证考察内部控制规范体系下审计双方互选问题，发现国际四大匹配规模大、业绩好的公司，采取品牌竞争策略，收取高额审计收费溢价。

影响审计师客户关系匹配的因素是复杂多变的，约翰逊和莱丝（1990），切尼等（Chaney et al.，1997），克内切尔等（2008）发现了审计收费高低的原因，审计师行业专长、审计质量影响审计收费；舒（2000），兰兹曼等（Landsman et al.，2009），伦诺克斯和帕克（Lennox and Park，2007），关等（Guan et al.，2016）证实客户的代理问题、事务所规模、客户业务及融资变化、客户重复选择聘任前任审计师、公司高管与审计师之间的校友关系等也影响审计收费。与此同时，迪丰和伦诺克斯（2011）研究表明审计供给变化随时间推移，包含国家层面与地方层面。杰拉科斯和西弗森（Gerakos and Syverson，2015）基于法定审计师变更视角发现客户因变更审计师而获得消费者剩余，即当前的审计师与客户匹配方式总体来说是对客户有利的，审计师变更能够在一定程度上产生净收益。舒（2000）采用审计师与客户特征例如规模、利润来构建在四大与非四大审计师选择时审计师与客户错配模型，审计师客户匹配度较差更易诱发审计师变更。布朗等（2016）的研究方法提供了更全面的相似性度量方式，即基于完整的财务报表信息披露相似度，来预测四大审计师客户关系错配。审计文献中记载了大量客户偏好的多样性的经验证据。切尼等（2004）发现大规模的跨国企业倾向于选择四大审计师，部分原因是它们认为小事务所缺乏审计该类企业的审计资源与审计能力。凯尼和杨（Cairney and Young，2006）发现专长审计师的审计更有效率，客户对特定成本和质量的偏好使得他们选择能满足其需求结构的审计师。伦诺克斯和帕克（2007）的研究在更为精细的水平检验了审计师与客户匹配，发现公司更倾向于雇用特定审计师尤其是当审计师的前任客户曾经是或现在是公司的管理者团队成员。迪丰和伦诺克斯（2011）认为审计师频繁进入或是退出特定审计市场，不断变化的审计供给将会影响审计师与客户的配对。关于审计师与客户错配关系的研究克里希南（1994）、迪丰和苏布拉曼扬（1998）发现，客户更可能变更偏好会计稳健的审计师，致力于寻找更适合公司偏好的审计师。私人关系与审计意见购买仅仅是客户选择与其更为匹配的审计师的两个原因。总之，给定审计师与客户充足的变异性，审计师与客户能选择满足其偏好和需求的匹配者。

3. 是否同时提供非审计服务与审计收费

既有文献中关于审计师同时提供审计服务与非审计服务时对审计收费的影响存在两种观点。观点一认为，审计师为公司同时提供审计服务与非审计服务时，会收取较高的审计收费。审计师提供非审计服务需要具备相应的职业能力与行业专长，并为此付出额外的审计努力，故而向公司收取较高的审计收费溢价作为补偿。此外，审计师同时为公司提供非审计服务可能会影响审计独立性，面临着较高的审计风险与审计压力，会收取高额的风险溢价补偿。帕莫罗斯（1986）实证研究发现同时购买审计服务与非审计服务的公司的审计收费与仅仅购买审计服务的公司支付的审计收费存在显著差别。同时购买审计与非审计服务公司支付的两类收费呈正相关，即公司同时支付较高的审计收费与非审计收费。阿卜杜勒-哈利克（Abdel-Khalik，1990）的研究也证实了上述观点。观点二认为，审计师为公司同时提供审计服务与非审计服务时，会收取较低的审计收费。事务所同时为公司提供审计业务与非审计业务可能在一定程度上降低独立性，但从客户角度而言，如果聘用同一家事务所同时提供审计服务与非审计服务，可以降低公司寻找不同事务所的搜寻成本、交易成本等。西穆尼奇（1984）证实非审计服务与审计服务之间存在协同效应以及知识溢出效应，可以将非审计业务获取的知识运用到审计业务中，将两种业务共享生产投入，可以提高审计效率，减轻审计师的审计耗费，因而降低审计收费。部分学者就西穆尼奇（1984）的审计服务与非审计服务两类收费之间的关系展开研究，开始考虑遗漏变量对模型的影响。后继学者认为审计收费与非审计收费模型中有部分共同影响因素变量，故而仅采用单一的最小二乘回归（OLS）得出的研究结论可能存在内生性及选择偏差。威森特等（2003）提出审计收费及非审计收费的单方程模型可能因其遗漏变量以及两类收费之间的内生性问题而使得构建的模型产生偏误等，因此建议采用联立方程的形式构建模型再次检验审计收费与非审计收费两者之间的关系，研究发现两类收费之间不存在显著的相关关系。但是安特尔等（Antle et al.，2006）同样采用联立方程研究两类收费之间的关系却发现审计收费与非审计收费两者有显著的关系。对两种差异化的研究结论的一种解释认为非审计服务存在多种类别（诸如税务咨询、管理咨询等），不同类别非审计服务收费与审计收费之间的关系可能存在不同的关系，可能不相关，可能正相关或负相关。梅德罗和沙克福德（Maydew and Shackelford，2005）指出由于事务所提供的税务咨询服务结果包含于公司的财务报告中，故而审计收费与非审计服务中的税务咨询服务收费存在显著的关联。金尼等（Kinney et al.，2004）、罗宾逊（Robinson，2008），克内切尔等（2012）后续研究进一步证实事务所提供的审计服务与非审计服务中的税务咨询服务之间存在知识溢出效应，税务咨询服务可为财务报表审计服务提供共享知识，有效提高审计效率，管理咨询服务却达不到知识溢出的效果。

2.1.4 异常审计收费

1. 国外文献回顾

西穆尼奇（1980）、德安杰洛（1981）、崔等（2010）将审计收费超过了正常的审计生产成本部分定义为超额异常审计收费，包含所有的审计风险溢价以及涵盖所有生产成本之后的正常利润，崔等（2010）认为异常审计收费损害审计师独立性。弗朗西斯（2011）与哈波尔等（Hribar et al.，2014）认为异常审计收费部分为未识别的审计成本，可能是审计师付出的额外的审计努力，为低质量财务报告发表适当的鉴证意见或是审计师对未识别的客户风险特征的审计溢价，并且尚不确定异常审计收费是否会威胁审计独立性。迪丰等（2002）采用异常审计收费来衡量审计师租金，认为审计师租金主要代指审计师与客户之间的经济联系或者超额利润，研究发现异常审计收费与审计师签发持续经营审计意见之间不存在相关关系，审计师租金并不损害审计独立性。金尼和利比（Kinney and Libby，2002）也赞成采用异常审计收费来衡量审计师与客户之间的经济联系。斯里尼迪和古尔（Srinidhi and Gul，2007）未发现异常审计收费与盈余质量之间的关系。霍伊塔什（2007）认为正向的异常审计收费与公司盈余管理程度紧密相关。霍普和朗力（Hope and Langli，2010）的研究尚未发现超额异常审计收费与审计师签发的持续经营审计意见之间存在关系。崔等（2010）发现超额异常审计收费与异常应计（低财务报告质量）之间呈显著正相关。哈波尔等（2014）发现正向的异常审计收费与公司财务舞弊可能性正相关。希格斯和斯卡茨（Higgs and Skantz，2006）的研究认为正向的异常审计收费会降低财务重述可能性与盈余反应系数正相关不会降低审计质量。阿斯塔纳和布恩（Asthana and Boone，2012）认为负向的异常审计收费表明公司拥有较强的议价能力，且公司的谈判能力越强对审计质量的损害越大。与将异常审计收费作为超额利润的审计师租金的鲜明对比的解释是，埃特雷奇和格林伯格（Ettredge and Greenberg，1990）采用异常审计收费来衡量生产效率：超额正向异常审计收费表明相较于其他审计师该审计师是低效生产者；负向异常审计收费表明其是高效生产者。波尔等（Ball et al.，2012）将超额异常审计收费作为代理变量，来代指被审计客户对财务报告鉴证更高质量的需求以及被审计单位自愿披露报告以便获取投资者的信任。哈波尔等（2014）认为异常审计收费是审计师的额外努力或者是当审计师面临低质量财务报告的客户时收取的风险溢价。奥基夫等（O'Keefe et al.，1994），贝尔等（2008）采用专用数据研究非上市公司的审计收费影响因素。例如，签发审计报告数量，被审计单位客户经营地点的数量，预期的审计业务的风险。研究证实审计收费影响因素模型存在遗漏变量。相当少数的研究者认为异常审计收费是不可知的，希格斯和斯卡茨（2006）认为异常审计收费由审计师租金与未识别的审计成本组成，但是在其研究中并未尝试将异常审计收费拆分成租金部分和成本部分。杜加等（Doogar et al.，2015）采用审计收费影响因素模型的回归残差代指其他未识别的审计收费影响因素，并将其定义为异常审计收费，将异常收费细致分解为同质性成本、异质性成本、同质性租金、异质性租金以及噪声，通过持续审计业务与审计师变更业务实证考察异常审计收费的实质，最终发现异常审计收费主要由审计成本组成。

2. 国内文献回顾

国内关于异常审计收费的研究，主要聚焦于异常审计收费对审计质量的影响。多数学者认为异常审计收费会损害审计质量。陈杰平等（2005）研究发现上市公司的管理层经济利益会影响审计师的独立性，当公司聘任审计师进行持续审计而不变更审计师时，支付过高的异常审计收费将会显著改善不利审计意见，达到审计意见购买的目的，从而损害审计质量。唐跃军（2007）也证实正向的异常审计收费增强了审计意见改善的可能性。方军雄、洪剑峭（2008）发现正向的异常审计收费会改善审计意见进而降低会计盈余价值相关性。参与审计合谋的事务所收取异常审计收费，收取异常审计收费是审计师异化行为的重要表现（赵国宇，2010）。段特奇等（2013）研究指出异常审计收费会显著地降低审计质量，即正向与负向的异常审计收费均会损害审计质量。韩丽荣等（2015）实证研究异常审计收费对审计质量的影响，发现审计师对过高异常审计收费公司的盈余操控更为宽容，易于引发审计意见购买行为；负向的异常审计收费易于增加重大错报风险，损害审计质量。李晓慧等（2016）发现负向的异常审计收费未降低会计信息透明度。章琳一（2016）验证国内审计市场中异常审计收费主要由审计成本组成，验证了杜加等（2015）的研究，进一步研究发现非十大事务所异常审计收费中成本所占比重更高。

2.2 内部控制审计收费文献综述

2.2.1 国外文献综述

国外以SOX法案的实施为分界点，将内部控制审计的研究划分为两个阶段。SOX施行前的研究多集中于内部控制评价方法和内部控制审计报告；SOX施行后的研究集中于内部控制审计方法、执行成本及审计报告的信息特征。SOX法案404条款及相关规则要求将财务报表审计和内部控制审计整合起来实施，但SOX法案施行后美国公众公司在年度财务报告中公开披露的审计收费结构各不相同，其中单独列示内部控制审计收费的公司更是少之又少，这构成了研究内部控制审计收费的实质性障碍。国外已有文献研究 SOX 法案施行后的审计收费（即包含两类审计收费的综合审计收费），结果表明执行内部控制审计后，显著增加了审计收费。由于数据可获得性方面的障碍，迄今为止还没有专门针对内部控制审计收费的研究。鉴于 SOX 法案实施后的审计收费中涵盖了财务报表审计收费与内部控制审计收费等相关费用，此处的文献回顾主要集中于 SOX 法案施行后审计收费影响因素。

1. 内部控制审计与 SOX 法案施行后的审计收费

关于内部控制审计与 SOX 法案施行后审计收费（包含财务报表审计收费与内部控制审计收费的总审计收费）的研究，主要包括两类话题，即 SOX 法案施行后审计收费的影响因素（主要着眼点包括公司规模、资产增长率、内部控制质量、内部控制有效性、审计师变更及变更方向、审计意见等），以及 SOX 法案施行后审计收费的增减变化情况。

埃尔德里奇和基利（Eldridge and Kealey，2005）实证考察了《财富》1000 强上市公司的审计收费，发现由于执行内部控制审计，研究样本 2004 年的审计收费较上一年度显著增加，并发现公司规模、资产增长率、内部控制建设的有效性以及上一年度的审计收费与 SOX 法案施行后的审计收费呈显著正相关。埃特雷奇等（2007）实证考察 SOX 法案施行后外部审计师变更及变更方向对审计收费的影响，发现 SOX 法案执行初期审计收费显著增加的公司为降低高额的审计成本，倾向于变更外部审计师，且变更方向是从四大变更为非四大。拉玛等（2008）针对 2003 ~2005 年自愿披露 SOX 法案施行后审计收费的公司进行研究，发现公司规模、内部控制质量与 SOX 法案施行后的审计收费显著正相关。霍格和霍林斯沃思（Hoag and Hollingsworth，2011）以 2004 ~2007 年的 SOX 法案施行后审计收费为研究样本，发现审计收费呈逐年下降趋势，并且事务所签发的财务报告审计意见类型亦会影响审计收费，其中被签发非标准审计意见的公司的审计收费更高。戈什和鲍勒维奇（Ghosh and Pawlewicz，2009）验证了 SOX 法案的施行对审计收费的影响，研究发现较之 SOX 法案实施前，实施 SOX 法案后的审计收费显著增加，平均增长率高达 74%。其中，四大审计收费上涨幅度更高。

金尼和谢泼德森（Kinney and Shepardson，2011）的研究印证了戈什和鲍勒维奇（2009）的结论，他们发现施行 AS5 条款后，内部控制审计收费均值高达 SOX 法案施行后审计收费的 54%。

2. 内部控制缺陷与 SOX 法案施行后的审计收费

国外关于 SOX 法案施行后的审计收费与内部控制缺陷的研究，主要集中于内部控制缺陷的披露、缺陷的严重程度以及缺陷的弥补与审计收费之间的关系。

拉贡南丹和拉玛（2006）对 2004 年制造行业公司展开研究，验证公司内部控制缺陷与审计收费的关系，证实披露内部控制缺陷的公司支付的审计收费高于其他公司的 43%，但是尚未发现审计收费与缺陷类型之间的相关关系。霍根和威尔金斯（2008）在拉贡南丹和拉玛（2006）的基础上，进一步发现审计收费与内部控制缺陷的严重程度呈正相关关系，内部控制缺陷严重程度越高即缺陷越重大审计收费越高，与霍伊塔什等（2008）的研究结论一致。拉贡南丹（2006）研究上市公司重大内部控制缺陷的披露和弥补与 SOX 法案施行后的审计收费的关系，发现与持续披露缺陷的公司相比，弥补修正缺陷的公司审计收费显著下降，但仍显著高于未披露内部控制缺陷的公司。

2.2.2 国内文献综述

我国内部控制的建设、发展和监管滞后于国际进程，相关研究也相对滞后，有关内部控制审计收费的研究尚处于起步阶段。张宜霞（2011）实证考察我国 91 家在美上市的公司，根据整合审计收费的系数调整估算分离出内部控制审计收费，据此研究内部控制审计收费的影响因素，发现公司规模、外部审计师的声誉以及非常规业务流程的内部控制设计的复杂性与内部控制审计收费显著正相关。不同于以往的研究结论，在风险导向审计模式下，内部控制失效风险与审计内部控制审计收费显著负相关，出现“极反效应”。黄秋菊（2012）对我国 A + H 股上市公司进行研究，发现公司的行业特征、资产的规模以及风险影响内部控制审计收费。总样本中单独披露内部控制审计收费的公司较少，信息披露透明程度较低。方红星、陈娇娇（2016）以 2011 ~ 2014 年沪深两市主板单独披露内部控制审计收费的上市公司为研究样本，基于上市公司特征、会计师事务所特征以及内部控制审计业务特性三个视角，在理论分析的基础上，构建模型实证检验内部控制审计收费影响因素，公司规模、业务复杂程度、国有产权性质、审计师声誉、内部控制服务保证程度等显著影响内部控制审计收费，并呈正相关关系。而公司自身的内部控制质量、审计师提供的连续内部控制审计服务年限及整合审计与内部控制审计收费显著负相关。陈娇娇（2016）基于管理者团队背景特征（平均特征与异质性特征）视角对 2011 ~ 2014 年沪深两市主板披露内部控制审计费用的公司展开研究，考察管理者团队背景特征对内部控制审计费用的影响机理及路径。考察证实管理者背景特征中的平均性别、平均年龄、平均任期以及学历异质性特征、任期异质性特征显著影响内部控制审计费用。进一步区分产权性质后发现，不同背景特征的管理者对内部控制审计费用的影响程度存在差异，国有上市公司中，管理者团队的平均年龄与年龄异质性特征与内部控制审计费用正相关。非国有上市公司中，管理者团队的平均性别、平均任期、学历异质性特征、任期异质性特征与内部控制审计费用负相关。

2.3 整合审计收费文献综述

2.3.1 国外文献综述

PCAOB 发布的 AS2 提出审计师可将财务报表审计业务与内部控制审计业务结合执行。但 AS2 颁布之初，其执行成本过高而遭到争议（PCAOB，2006）。拉贡南丹和拉玛（2006）、霍根和威尔金斯（2008）的研究均发现：AS2 实施的第一年会引起审计费用的显著增加。PCAOB 于 2007 年 5 月发布 AS5 来取代执行成本过高的 AS2，并首次提出整合审计模式，期望审计师树立现代风险导向审计理念，并将大量审计资源投放于审计师评估的高风险领域以缩减不必要的审计程序来有效降低审计成本，至此，进入整合审计时代。阿克雷什（Akresh，2010）基于审计风险模型的视角研究财务报表审计与内部控制审计，研究认为财务报表审计与内部控制审计均依托于风险导向审计模型，由此决定了两类审计业务在制定审计计划、审计流程及程序和方法等方面可以相互印证。两类审计工作之间存在重合和交叉，执行整合审计有助于两类审计工作进行相互验证，防止出现审计判断偏误的现象，提高审计效率与效果的同时降低审计成本。

杜加等（2010）研究发现，AS5 较之 AS2 的实施降低了执行成本，基于风险导向审计理论，会计师事务所的审计收费与风险正相关。克里希南等（2011）研究 AS5 的施行对审计费用的影响，发现 AS5 实施的前两年审计费用相较于 AS2 实施的最后一年的审计费用下降了 4.11%，整合审计功不可没。其中，下降比例最多的是修正了内部控制缺陷的公司。国外关于整合审计实施效果的研究聚焦于 AS2 与 AS5 的执行成本与执行效果。CAQ 于 2009 年证实事务所施行整合审计可以在有效降低审计成本的同时提升审计效率与效果。事务所进行整合审计时需要分别签发财务报表审计报告及内部控制审计报告，与此同时承担签发的两类审计报告责任，所以不会发生为保证一项审计业务而损害另一项审计业务的独立性情形。克里希南等（2011）的研究证实了执行整合审计不会降低审计质量。

国外鲜有关于内部控制审计收费与财务报表审计收费相互关系的研究，关于审计收费知识溢出效应与规模经济效应的研究集中于审计服务收费与非审计服务收费的相互关系。西穆尼奇（1980）研究发现公司的财务风险、审计师规模与声誉、提供非审计服务等与审计收费显著相关。帕莫罗斯（1986）聚焦研究事务所同时提供审计服务与非审计服务对审计收费的影响，发现两类服务之间存在知识溢出效应，当上市公司向同一家事务所购买审计服务与非审计服务时会支付较高的审计收费。西穆尼奇（1984）研究发现当由同一家会计师事务所为客户提供审计服务与非审计服务时会产生知识溢出效应，由此会导致审计成本降低，降低的审计成本是针对特定客户的准租。威森特等（2003）认为审计收费与非审计收费之间相互影响，在此种情况下如果利用单方程进行回归估计将会产生内生性偏误，故采用联立方程模型对两者进行实证研究，发现两者之间是负相关关系，并不存在知识溢出效应，这与西穆尼奇（1984）的研究结论不一致。安特尔等（2006）从审计质量的角度构建联立方程研究审计服务与非审计服务之间的关系，结果表明两者存在正向知识溢出效应而且非审计服务能提升审计质量。克里希南（2011）在威森特等（2003）的研究基础上考虑 SOX 法案实施后的影响，采用平衡与非平衡面板数据进行研究来降低内生性偏误，进一步证实了审计服务与非审计服务之间存在规模经济效应，即两者之间是负相关关系。

国外相关文献关于整合审计研究层面主要关注 AS5 在取代 AS2 之后对审计费用的影响，均证实了 AS5 的施行会降低审计费用，但未涉及整合审计是否会比未整合审计降低审计收费这一问题。关于知识溢出效应的研究主要聚焦在审计服务与非审计服务视角，尚未研究整合审计模式下两类审计收费之间的内在关联、影响方向和相应的解释理论。

2.3.2 国内文献综述

国内整合审计正处于起步阶段，更多的规范研究是借鉴美国等发达国家的成果，主要研究领域是整合审计的可行性和必要性、整合审计基本要素诸如审计目标、计划、范围、程序及方法等方面的理论分析，实证研究更是匮乏。已有的文献关注整合审计能够提高审计效率，改善财务信息质量，降低信息不对称，由此提高审计质量。理论界对于单独审计对审计质量的影响存在两种相悖的观点。其中观点之一认为，执行单独审计可以有效提高审计质量。由两家不同的事务所分别对上市公司进行财务报表审计与内部控制审计，公司的内部控制可以接受两家不同事务所的审计师的双重检查，两拨审计师对内部控制进行检查增加了识别内部控制缺陷的概率，故而提高审计质量。与此同时，面对两拨不同事务所的审计师，直接加大了管理层对审计师施加压力的难度，故而执行单独审计可保证审计师的独立。而整合审计是由同一家事务所对公司的财务报表与内部控制进行审计，增强了审计师对客户的经济依赖，可能会影响审计师的独立性，进而损害审计质量。观点之二认为，执行单独审计会降低审计质量。由于单独审计是由两家不同的事务所分别审计公司的财务报表与内部控制，因此，可能引发一家事务所对两家事务所重合执行审计程序的审计区域的“搭便车”行为，具体而言即为执行审计业务的一家事务所不实施相应的审计程序而是直接借用另一家执行审计业务的事务所的审计结论。尤其是，单独审计的两家事务所的规模与声誉存在明显的差异时，规模较小或是非四大事务所可能直接利用声誉高的事务所的审计结论，进而损害审计质量。而此时，由相同事务所进行整合审计，两类审计业务审计结论可彼此进行验证，提高审计效率，保证审计质量。谢晓燕、张龙平（2009）对财务报表审计与内部控制审计之间的关系展开研究，发现两者在审计内容及范围、评价结论的准确度、审计师的职业能力、审计师的责任四个方面存在显著区别，两者的联系则在于审计目标、程序及方法基本相似。

国内关于整合审计的实证研究文献很少，王杏芬（2011）基于系统协同理论视角（内部控制自我评价、内部审计以及内部控制审计）以2007～2009年沪深两市主板上市公司为研究样本实证研究整合审计与财务报告质量的关系，发现不同年度的系统协同对财务报告质量的影响互有差别。倪小雅、张龙平（2015）以2012～2013年A股上市公司为研究对象来验证整合审计的效用，研究表明整合审计的质量显著优于非整合审计，但是整合审计并未显著降低审计费用。方红星、陈娇娇（2016）在整合审计的大背景下，以2011～2013年沪深两市主板分开披露内部控制审计收费与财务报表审计收费的A股上市公司为研究样本，探究两类审计费用之间的交叉补贴关系，并据此检验知识溢出效应和规模经济效应哪一个更具解释力。实证研究发现内部控制审计收费与财务报表审计收费之间存在显著的双向正相关关系，这说明知识溢出效应起到了主导作用。事务所对财务报表执行的审计程序及结论会溢出到内部控制审计中，同时，内部控制审计程序及结论亦会溢出到财务报表审计中，两者彼此验证，提高审计效率，保证审计质量。

综上所述，目前国内外学术界针对整合审计模式下两类审计收费交叉补贴展开理论分析和实证研究很少，本书借助部分上市公司分开披露两类审计收费所带来的难得的研究机会，理论分析和实证检验整合审计背景下内部控制审计收费与财务报表审计收费之间的相互关系，有利于对这一领域展开深入研究。

2.4 文献述评

通过上文文献回顾部分发现财务报表审计收费的国内外既有研究相对成熟，自西穆尼奇（1980）对财务报表审计收费开创性进行实证研究以来，经过30多年的发展，相关研究领域已经积累了丰硕的研究成果。包括从财务报表审计业务需求方视角、供给方视角及审计市场竞争等视角对财务报表审计收费展开全方位的研究。对理论界而言，不断丰富审计定价理论，解释财务报表审计收费机理；对实务界而言，有助于监管者进一步深入洞察审计市场各主体的策略行为，从而为监管者提供科学合理的监管依据，有助于保证审计市场健康有序的良性运行。

通过对国内外内部控制审计收费文献回顾可发现，由于国外内部控制审计研究主要以SOX法案为分水岭。SOX法案404条款要求上市公司执行整合审计，但是SOX法案施行后美国公众公司财务报告中披露的审计收费结构各不相同，单独披露内部控制审计收费的公司更是少之又少，内部控制审计收费的缺乏构成研究的主要障碍。国内已有的关于内部控制审计收费影响因素的研究存在以下问题：①较早年度内部控制审计收费的实际数据并未公开披露，既有研究多采用替代变量或是估算模型来衡量内部控制审计收费，基于估算数值的研究，其可靠性和有效性会大打折扣。②既有研究都是单年度研究，时间窗口短促。

通过对国内外财务报表审计收费与内部控制审计收费这两类审计收费相互关系文献回顾与梳理发现，鉴于国外上市公司并未单独披露内部控制审计收费，所以国外尚未有两类审计收费关系的研究。而既有研究主要立足于审计服务收费与非审计服务收费视角，探讨两类收费之间的交叉补贴关系。国内学术界对整合审计的研究主要立足于理论视角，主要探讨整合审计实施的可行性与必要性等，很少有针对整合审计模式下两类审计收费交叉补贴展开的理论分析和实证研究，本书基于整合审计背景通过公开披露的两类审计收费构建模型实证探讨两类审计收费之间的交叉补贴关系，深入扩展审计收费相关研究。

第3章　制度背景与理论基础

本章主要阐述制度背景与理论基础，首先对内部控制审计与整合审计制度背景进行解析，然后梳理委托代理理论、审计风险理论、审计保险理论、系统协同理论，并将本书的研究主题嵌入制度背景与理论分析之中，深入剖析制度背景与理论基础对内部控制审计收费以及整合审计收费的影响，为后文的研究奠定坚实的理论基础。

3.1　制度背景

3.1.1　内部控制审计制度背景

1. 国外内部控制审计发展历程

内部控制审计在国外有着较为久远的发展历史，因此对国内内部控制审计极具有借鉴意义。国外企业内部控制审计大体经历以下三个发展阶段：①内部控制评价阶段（20世纪初至20世纪60年代）。②内部控制审核阶段（20世纪70年代至20世纪90年代）。③内部控制审计阶段（21世纪初至今）。1912年，蒙哥马利（Montgomery）在《审计理论与实践》中首次提及财务报表审计中的内部控制的重要性，提议将企业的内部控制制度的评价纳入财务报表审计范围中，并主张将财务报表审计与内部控制评价结合起来，将企业内部控制制度评价从企业内部管理层次提升到外部审计层次。

AICPA于1939年10月在《审计程序公告》中首次增加了内部控制

评价的相关内容。紧随其后，1940 年美国证券交易委员会（U. S Securities and Exchange Commission，SEC）正式要求注册会计师在财务审计报告中增加内部控制评价内容，主张外部独立审计师在其为企业签发的审计报告中对外公开披露其对企业内部控制审查情况。从此以后，企业的内部控制评价成为一项新的法定业务并且是财务报表审计不可或缺的组成部分。AICPA 于 1949 年在《内部控制协作体系的要素及其对管理层和独立公共会计师的重要性》中书面正式定义了内部控制的内涵，并由此正式确定了内部控制评价的法定地位，将内部控制评价确定为财务报表审计的必要程序。

1977 年的《反国外行贿法案》中明确要求企业构建会计控制体系并随时维护其有效性，要求企业建立强化内部控制条款，对内部控制的设计与实施起到直接的推进作用。该法案信奉合理有效的内部控制系统可以抑制国外政府官员的非法支付活动，法案的颁布与施行起到醍醐灌顶的作用，上市公司愈发自觉地重视内部控制系统的不可忽视的重要作用，并在实践中不断完善内部控制系统。但是一项新的政策的出台往往伴随着曲折的历程，内部控制评价报告在反复提议与暂缓执行中迂回前进。1974 年科恩委员会提议企业的管理当局应以类似财务报告的形式对外公开披露企业内部控制系统报告，并同时聘任外部独立审计师对该报告签发相应的审计报告。此时，无论是上市公司披露内部控制或是审计师对内部控制出具审计报告均处于自愿阶段，较少的上市公司真正在实务中施行。

1979 年，SEC 发布征求意见稿，意见稿中强制要求上市公司的管理层出具企业内部控制报告并聘任外部审计师对此报告进行评价。至此，依托于法律保障的美国的内部控制审计逐渐形成。针对 20 世纪 80 年代美国发生的财务舞弊、审计失败以及公司破产事件，反欺诈财务报告委员会将内部控制评价报告再次提上日程，提议在公司年度财务报告中增加管理层对内部控制的责任，但是基于运行成本较大的原因，再次暂停决议。20 世纪 90 年代频发商业银行破产案直接促成《联邦储蓄保险公司改善法案》的颁布实施，该法案中明令要求公司管理层来对内部控制有效性进行评价，在此基础上 AICPA 发布 SSAE No. 2，财务报告内部控制审核应运而生，至此，内部控制评价演变成内部控制审核的鉴证业务。

20世纪初安然、世通等财务舞弊案件引发了资本市场的动荡，为了保护投资者的利益，强化上市公司管理层的责任，2002年7月美国国会发布SOX法案。该法案的302和404条款要求上市公司的管理层对财务报告内部控制的有效性负责，并在披露年度财务报告的同时对外披露经注册会计师审计的内部控制自我评价报告，由此迈入内部控制审计的转折点，美国企业的内部控制审计评价由自愿性披露阶段正式进入强制性披露阶段，实现了内部控制审核到内部控制审计的华丽转身。2004年3月PCAOB发布AS2《与财务报表审计结合进行的财务报告内部控制审计》，该条款首次提出将财务报表审计和内部控制审计整合的理念，进入财务报表审计和内部控制审计并重的新的审计时代。PCAOB持续关注AS2的实施进展，研究发现其中部分或条款不清晰，或过于关注细节反而影响注册会计师的职业判断，成本效益较低，基于此，2007年PCAOB发布取代AS2的AS5《与财务报表审计相整合的财务报告内部控制审计》，引导注册会计师重点关注被审计单位的高风险，及时发现内部控制重大缺陷，节约审计成本提高审计质量。紧随美国之后，其他国家相继出台相关法规，明确规定上市公司需在评估企业内部控制的同时出具审计机构的相关报告，对内部控制的审计做出了强制性的规定。

2. 国内内部控制审计发展

追溯审计发展历史，国内审计最早起源于西周时期，《周礼·宰夫》中有详细记录："宰夫之职，乘其财用之出入，可考其出入，而定刑赏"。宰夫所从事的工作就是现代社会的审计工作。审计工作随经济发展与朝代更迭而逐渐发展，形成一种制度。秦汉时期设置"上计制度"专门来审查与监督财务收支，依据审查与监督的结果对官员的政绩进行考评。唐朝时期政治经济繁荣发展，为审计的进一步发展提供良好的基础，尤其是国家审计或称皇家审计的发展日益完善。为充分发挥审计在监督财政活动方面的作用，唐朝时期设置专门的审计官员，设置比部定期对国家层面的财政活动进行监督与审查，设置刺史定期对地方层面的财政活动进行监督与审查。宋朝时期专门设置了审计员职位，审计一词首次以书面形式诞生。明清时期随着经济发展退步与政权的动荡，审计的发展几乎处于停滞甚至倒退阶段。继续寻访历史时间轴来到近代史时期，北洋政府设置审计院作为审计工作的专职机构，并由其发布近代史首部审计法律条文《审计法》，用法律形式确定了审计在经济社会发展中的社会地位。国民党政府在《审计法》的基础上进行补充修订，但审计仅流于形式并未有效地执行。中国共产党成立中央苏维埃政府审计委员会，由政府审计委员会颁布《审计条例》，严格按照审计条例中规定的审计条文核查监督财政收支情况，发挥其应有作用。新中国成立后，由财政机关监察机制来核查与监督国家财政收支，尚未设立专门的政府审计机构，国有企业也未设置专门的企业内部审计部门。

我国内部控制审计发展滞后于国际进程，20 世纪 80 年代对内部控制审计进行理论探索。在此期间还未正式提出内部控制审计一词而是称为内部控制鉴证，起初，内部控制鉴证是会计师事务所的检查业务。1983 年国务院设置主管审计工作的审计署，1986 年审计署发布《审计署关于内部审计若干规定》首次以法律条文的形式确定内部审计在经济发展中的重要作用，推进内部审计的发展。财政部于 1988 年 12 月颁布的《注册会计师检查验证会计报表规则（试行）》中的第 26 条提出注册会计师需要检查被审计单位的内部审计制度、内部管理报告及内部管理制度的全面性与有效性。紧随其后，1995 年审计长下令推行审计署令 1 号文件《审计署关于内部审计工作的规定》，以法律条文的形式提供了内部审计工作实务指南，规范内部审计执行工作，为全面展开内部审计工作提供法律基础。1996 年，注册会计师协会发布《独立审计具体准则第 9 号——内部控制与审计风险》中对注册会计师评价企业的内部控制做出明确的规范，然而，在此时期的内部控制评价活动仅仅是注册会计师执行财务报表审计业务的一个必要程序或是组成部分，并不是事务所的法定业务。1999 年修订的《中华人民共和国会计法》，首次以法律的形式对企业建立内部控制提出要求。

为加强内部控制的建设，财政部规定自 2001 年 6 月起，所有上市公司均应建立和维护有效的内部控制。2002 年 3 月中注协颁布《内部控制审核指导意见》，规定上市公司应对与财务报告相关的内部控制聘请外部独立审计师进行审核，并就其有效性发表审核意见，标志着我国内部控制鉴证制度进入萌芽状态。然而，此时的内部控制鉴证业务仅是提供有限保证的审核业务。2006 年《企业内部控制指引》的颁布强制要求公司管理层不仅要披露经外部独立审计师审计的年报，还需披露管理层的内部控制自我评价报告与审计师签发的内部控制评价报告的核实意见。

为与国际资本市场对内部控制的监管及变革趋势相趋同，推进内部控制的全面施行。2006年上海证券交易所发布了《上海证券交易所上市公司内部控制审计指引》与深圳证券交易所发布了《深圳证券交易所上市公司内部控制审计指引》，连续发布的两大指引直接揭开国内内部控制建设的新篇章，进一步规范内部控制体系的建设并奠定其坚不可摧的地位，内部控制体系日益规范化与制度化。然而，两大证券市场对内部控制信息披露规范存在较大差异。其中，深圳证券交易所强制要求上市公司对外公开披露内部控制自我评价报告，上海证券交易所仍是采用自愿性披露方式。2007年起，部分上市公司自发聘请审计师对其内部控制进行审计。然而当时内部控制审计相关准则及指引并未出台，因此，内部控制审计的方法及标准等尚不统一，主要依据审计师的职业判断等。在此背景下的自愿性内部控制审计可能存在自选择问题，内部控制质量高、公司经营业绩好的上市公司可能会自发进行内部控制审计以向市场传递其优质信号。当然，部分业绩差或是内部控制质量差的公司也可能自愿聘任审计师进行内部控制审计，期望通过内部控制审计这一行为混淆投资者视线，让投资者误以为其内部控制有效或是经营业绩良好。

2008年5月财政部等五部委发布的《企业内部控制基本规范》中赋予内部控制如下含义：内部控制是由企业董事会、监事会、经理层和全体员工实施的旨在实现控制目标的过程。具体而言，其中所述的内部控制目标是在COSO三大目标基础上的进一步延伸：经营合法合规目标、资产安全目标、财务报告目标、经营效率与效果目标以及战略发展目标。《企业内部控制基本规范》规定上市公司于2009年7月1日开始执行内部控制自我评价并披露内控自评报告，同时可以聘请外部审计师审计内部控制，至此国内内部控制评价与审计相关规范正式出台。

随后财政部等五部委于2010年发布《企业内部控制审计指引》赋予内部控制审计如下内涵：内部控制审计是指会计师事务所接受委托对特定基准日内部控制设计及运行的有效性进行审计。为进一步推进内部控制的全面执行，财政部等五部委于同年度4月份再次联合发布《关于印发企业内部控制配套指引的通知》，由此出台具有内部控制里程碑意义的三大指引《企业内部控制应用指引》《企业内部控制评价指引》和《企业内部控制审计指引》，明令要求执行《企业内部控制基本规范》

和《相关配套指引》的上市公司以及非上市大中型企业必须评价内部控制的有效性，在披露内部控制评价报告的同时聘请注册会计师对该报告出具审计意见。与此同时为确保稳健施行内部控制规范与指引，财政部等五部委制定了内部控制审计分主板分期分批执行进程表：①2011年1月1日在境内外同时上市的公司应率先聘任外部审计师执行内部控制审计业务。②2012年1月1日之后在沪深主板上市的国有控股公司应执行内部控制审计业务。③依托于上述基础，在中小板与创业板上市公司中择机实施内部控制审计业务。④鼓励非上市大中型企业提前实施内部控制审计业务。

3.1.2 整合审计制度背景

1. 国外整合审计制度发展历史

安然、世通等震撼人心的财务舞弊案的爆发严重地动摇信息使用者对公司披露的信息的信任，损害相关者利益。为重新挽回投资者信任，重塑其对资本市场信心，美国国会于2002年发布SOX法案，其404条款明文规定上市公司管理层应对内部控制实施自我评价并按期公开对外披露内部控制自我评价报告，为进一步提高内控自评报告的可信性与公允性，明令要求公司聘请外部独立的审计师对公司的内部自评报告进行审计并签发审计报告。紧随其后，2004年PCAOB发布AS2《与财务报表审计相结合的财务报告内部控制审计》，首次以准则的形式提出将财务报表审计与内部控制审计联合执行。2007年发布的AS5《与财务报表审计相整合的财务报告内部控制审计》首次以准则的形式提出整合审计，AS5认为施行整合审计有助于提高审计效率降低审计成本。为全面推动整合审计的施行，2009年2月CAQ发布《内部控制整合审计实务经验》，以法律条文的形式提供内部控制审计的实务性操作指南，让全面推广整合审计有迹可循。概括而言，审计师采用基于风险导向的自下而上的审计方法，将财务报表审计程序中的实质性测试与内部控制进行紧密结合。目前，美国审计市场中只存在整合审计模式。

2. 国内整合审计制度发展史

2008年财政部等五部委颁布具有“国内SOX法案”称号的《企业

内部控制基本规范》，要求上市公司应评价内部控制自我评价报告的有效性。2010 年 3 月绿大地上市公司因存在内部控制重大缺陷进行财务信息造假并违反财务信息披露规定而受到证监会的调查，该公司此举严重扰乱资本市场秩序，损害投资者利益，严重削弱投资者对资本市场的信任。依托于此背景，2010 年 4 月财政部等五部委发布内部控制里程碑式三大指引，进一步规范内部控制理论与实务，为全面建立健全上市公司内部控制体系建设起到不可忽视的关键作用。企业内部控制三大指引的颁布标志着内部控制审计已经成为法定审计，成为公司重要的治理机制。与此同时，指引中还首次提出整合审计：由同一家事务所对上市公司进行财务报表审计与内部控制审计。然而目前国内并未强制要求上市公司进行整合审计。

既有文献中对整合审计的解释主要有如下三种：①由同一家事务所对上市公司执行财务报表审计与内部控制审计界定为整合审计。②谢晓燕（2009）在前一定义的基础上增加审计师实施整合审计计划与审计程序以实现整合审计目标。③吴寿元等在前两种的基础上提出应将整合审计延伸扩展至整体审计过程中并将两种审计活动有机结合。国内整合审计研究进程晚于国外，既有研究大部分聚焦于对 AS2 和 AS5 的解读与试行。财务报表审计目标是确认财务信息是否公允，内部控制审计目标是确认内部控制是否有效，将两者结合的整合审计可以通过单独并行过程达到一箭双雕的双重审计目标。具体而言，审计师在执行财务报表审计程序获取的审计证据可帮助其识别内部控制是否存在缺陷，与此同时，审计师执行内部控制审计程序中获取的审计证据亦可以帮助其检查财务报表是否存在重大错报。

3. 整合审计施行的可能性

基于财务报表审计与内部控制审计两类审计服务的相同点，整合审计产生基础以及整合审计作用视角，探讨整合审计实施的可能性。

（1）两类审计服务的相同点如下。

①两类审计三方关系人相同。财务报表审计与内部控制审计的审计三方关系人均是上市公司的管理层、事务所、预期使用者。具体而言，事务所是实施两类审计业务的审计主体；上市公司的管理层是两类审计业务的相关责任方，即财务报表审计是事务所的审计师对上市公司管理

层做出的财务报表相关认定发表审计意见，而审计师执行的内部控制审计是对上市公司管理层设计及执行的内部控制的有效性发表审计意见，故而上市公司的管理层对两类审计业务承担最终责任。两类审计业务包含管理层在内的预期使用者均是上市公司的投资者、债权人、监管机构及其他相关信息使用者。

②两类审计业务最终目标相同。财务报表审计的目标是对上市公司管理层编制的财务报表的公允性发表审计意见，相对而言是较为注重结果。而内部控制审计目标是对上市公司的内部控制有效性发表审计意见，相较而言较为注重过程。虽然两者的具体审计目标有所差别，但究其根源两者的最终目标是一致的，因为不论是财务报表审计抑或是内部控制审计，其最终目的均是为提高上市公司财务信息的可信性与公允性，向资本市场提供可靠的财务信息。

③两类审计的审计模式相同。审计师通常采用风险导向的审计模式来审计公司的财务报表，换言之财务报表审计尤为关注风险评估，在对上市公司实施风险评估基础上展开后续的具体审计程序与风险应对策略，优化配置审计资源提高审计效率与效果。审计师通常采用自下而上的审计模式执行内部控制审计，在了解内部控制的基础上来评估可能存在的内部控制审计风险，并依此执行审计程序，故而自下而上的内部控制审计程序从本质而言亦是风险导向的审计模式。

（2）整合审计产生基础如下。

①整合审计利润最大化需求。上市公司是审计服务的需求方，需要为享受事务所提供的审计服务支付报酬即审计收费，审计收费是上市公司成本组成部分，基于经济人假设上市公司愿意支付审计收费的重要原因在于经事务所审计的财务信息能为上市公司带来经济增加值，从上市公司角度来看审计收费主要由两大部分组成：事务所的审计成本以及经济增加值。事务所是审计服务的供给方，审计收费是事务所的主要经济收入来源，站在事务所角度而言审计收费主要包含审计成本与事务所利润。基于古典管理理论的经济人假说，上市公司期望获取更高的经济增加值，事务所期望获取更高的利润，在审计收费一定的情况下，只有审计成本更低才会满足供需双方的期望，因此，降低审计成本势在必行。整合审计即由同一家事务所对上市公司执行财务报表审计与内部控制审计，事务所的双重审计工作能够提高审计效率，降低审计成本，实现审

计服务供需双方利益最大化的需求。

②市场竞争的选择。当前国内审计市场上事务所提供的审计服务差异化并不大，尤其是本土事务所提供的审计服务可替代性很高，审计市场竞争较为激烈，因此事务所降低审计成本的动机愈发强烈。事务所执行整合审计可以相互利用两类审计结论彼此验证，提高审计效率，降低审计成本，从而制定科学合理的审计定价决策，提升市场竞争力。

（3）整合审计作用如下。

①降低审计风险，确保审计质量。两类审计的工作成果可以彼此验证，具体而言，审计师对上市公司财务报表实施实质性审计程序过程中如若发现财务报表存在重大错报，可以依据职业经验合理推断与重大错报相关联的财务报表内部控制可能存在重大错报，故而审计师可以以此为审计重点实施审计程序发现内部控制审计过程中未予以充分识别的内部控制重大缺陷。与之相似，若是审计师在执行内部控制审计过程中发现上市公司的内部控制存在重大缺陷，则在一定程度上表明与内部控制重大缺陷相关联的交易或是账户余额或是列报可能存在审计师未识别的重大错报，故而帮助审计师识别其在财务报表审计程序中未识别的错报或是漏报。可以有效通过两类审计业务的审计结论来彼此验证进而降低审计风险而保证审计质量。

②降低审计成本，提高审计效率。对于两类审计而言风险评估与控制测试均是重点的审计程序，也是在具体审计实务中有交叉重叠的审计程序，需要投入大量的审计资源来搜集审计证据。上市公司若是聘任两家事务所分别进行财务报表审计与内部控制审计，有可能造成审计程序的重复执行。诸如，两家事务所的审计师可能在风险评估与控制测试程序中对相同的公司职员进行询问以获取审计证据，可能重复核查相同的会计凭证或是经济合同等，故而造成审计工作的重复执行。上市公司需要为提供审计服务的事务所支付相应报酬即为审计费用，包含财务报表审计费用与内部控制审计费用，因此，上市公司对于重复执行相同审计程序的两家事务所需要分别支付两类审计费用，未提高审计效率却提高了公司的成本。站在整合审计视角来看，上市公司聘任同一家事务所执行财务报表审计与内部控制审计，两类审计业务中获取的审计证据以及审计工作成果可以零成本互享，故而消除了重复的审计工作，降低了审计成本，提高了审计效率。

3.2 审计收费披露现状

3.2.1 财务报表审计收费披露现状

事务所审计收费有“明”与“暗”两面，其中，审计收费“明”面是指较之发达国家的审计收费，国内的审计收费水平普遍较低；审计收费“暗”面是指国内资本市场上的审计收费组成中包含意义不明的审计收费。2001 年 12 月证监会发布《公开发行证券公司披露规范问答第 6 号——支付会计师事务所报酬及其披露》明文要求上市公司在年报中公开披露会计师事务所的审计收费情况。审计收费的公开披露为审计收费影响因素的研究提供了难得的机遇，由此，引发研究审计收费的热潮。此前关于审计收费的研究多数基于理论讨论视角，大多为规范研究。王振林（2002）的博士论文《审计收费的决定因素与审计质量——中国上市公司的证据》采用证监会的调查问卷中审计收费相关信息首次采用的实证方法，构建审计收费影响因素模型展开研究，揭开了国内实证研究审计收费的序幕。国内关于审计收费影响因素研究模型是在西穆尼奇（1980）审计收费模型的基础上进行拓展的，并加入国外审计收费研究模型中并未涵盖的变量，诸如，上市公司是否被进行退市风险警示（special treatment，ST）、处于保配区间或是保资格区间、是否发行外资股、上市公司总部所在地区等。

2001 年上市公司年报中披露了事务所审计收费的部分参考标准，包含以下部分：①参考审计业务约定书。部分公司提及审计收费依据公司与事务所签订的审计业务约定书，但是在通过阅读上市公司的年报，未找到审计业务约定书的具体内容，因此无法具体核实审计收费制定依据。②参考审计工作量。通常依据审计工作量来制定审计收费标准，审计工作量一般与上市公司的资产规模以及子公司数量相关，因此，可采用上市公司规模及子公司数量作为衡量审计工作量的标准，以此来制定审计收费。③参考地区或者行业标准。上市公司对本地区公司审计收费水平或是同行业的审计收费水平进行调查，以此确定审计收费的高低。

④参考公司章程。通过阅读公司的章程来寻找关于审计收费的约定。⑤参考事务所内部价格。在事务所内部制定的审计成本的基础上制定审计收费标准。

证监会 2001 年发布《公开发行证券公司披露规范问答第 6 号——支付会计师事务所报酬及其披露》强制要求上市公司披露财务报表审计收费，但是由于相关规范明晰性不足，加之上市公司对规范解读各有不同，致使上市公司的审计收费披露状况杂乱无章，披露的内容较为笼统，尚未达到监管部门的期望，亦未建立有效的披露机制。迄今为止对财务报表审计收费披露的内容尚未达成一致的标准，通过阅读上市公司年报整理发现其披露的审计收费情况大致如下：①部分公司披露的审计收费中包含事务所的差旅费，部分不包含差旅费。②部分交叉上市的公司将支付给国内和国外事务所的审计收费合并披露，并未单独披露支付给国内事务所的审计收费与支付给国外事务所的审计收费。③部分公司未在财务报告中公开披露审计收费，后期也未就此问题进一步提供补充公告。④披露时间不统一，部分公司在年报中披露当年实际支付审计收费，部分公司披露应计的审计收费，部分公司在下一年度披露上一年度的审计收费。⑤部分上市公司只是按照所属年度披露审计收费而未详细披露为其提供审计服务的事务所。⑥部分上市公司按照为其提供审计服务的事务所披露审计收费，而未按照所属年度进行披露。⑦部分上市公司未披露制定审计收费的依据、标准及程序。⑧部分上市公司未披露为其提供服务的事务所变更情况。

3.2.2　内部控制审计报告披露现状

依据从公开数据获取的资料进行整理列示 2011 ~2015 年沪深主板内部控制审计报告的总体披露情况，强制性执行内部控制审计情况以及自愿性内部控制审计情况，详细见表 3 –1 与表 3 –2。

表 3 –1　2011 ~2015 年沪深主板内部控制审计报告披露情况（总体情况）

单位：家

市场及总计	2011 年	2012 年	2013 年	2014 年	2015 年	总计
沪市	240	638	741	933	987	3539

续表

市场及总计	2011 年	2012 年	2013 年	2014 年	2015 年	总计
深市	133	309	352	457	458	1709
总计	373	947	1093	1390	1445	5248

资料来源：迪博内部控制与风险管理数据库（DIB）并经作者手工整理，网址：http：//www. dibdata. cn/。

表 3－2　2011～2015 年沪深主板内部控制审计报告披露情况（强制审计与自愿审计）

单位：家

市场及总计	2011 年		2012 年		2013 年		2014 年		2015 年		总计	
	强制	自愿	强制	自愿	强制	自愿	强制	自愿	强制	自愿	强制	自愿
沪市	134	106	575	63	708	33	915	18	951	36	3283	256
深市	76	57	261	48	321	31	457	0	457	1	1572	137
总计	210	163	836	111	1029	64	1372	18	1408	37	4855	393

资料来源：迪博内部控制与风险管理数据库（DIB）并经作者手工整理，网址：http：//www. dibdata. cn/。

从表 3－1 清晰可见 2011～2015 年沪深主板披露内部控制审计报告的情况，五年来共计 5248 家公司披露内部控制审计报告，从分年度、分主板情况来看：2011 年沪深主板披露内部控制审计报告的上市公司有 373 家（其中沪市 240 家，深市 133 家），可能源于 2011 年逐步施行内部控制审计，所以披露内部控制审计报告的公司数量较少，占总体比例的 7. 11%。2012 年沪深主板披露内部控制审计报告的上市公司有 947 家（其中沪市 638 家，深市 309 家），占总体比例的 18. 04%，较之 2011 年度披露数量有大幅度上升，初步表明内部控制审计正逐步迈入正轨。2013 年沪深主板披露内部控制审计报告的上市公司有 1093 家（其中沪市 741 家，深市 352 家），占总体比例的 20. 83%。2014 年沪深主板披露内部控制审计报告的上市公司有 1390 家（其中沪市 933 家，深市 457 家），占总体比例的 26. 49%。2015 年沪深主板披露内部控制审计报告的上市公司有 1445 家（其中沪市 987 家，深市 458 家），占总体比例的 27. 53%。总体来看五年来内部控制审计报告的披露比例逐年上升，尤其是 2012～2015 年保持较为稳定的上升比例。（注：此处占总体比例是指当年披露内部控制审计报告的公司数量占五年来总体披露数量的比重。）

表3－2列示了2011～2015年沪深主板披露内部控制审计报告的上市公司中强制性执行内部控制审计与自愿性执行内部控制审计情况。总体来看，共计4855家公司强制性执行内部控制审计，所占比例高达92.51%，393家公司自愿性执行内部控制审计，所占比例较低，仅为7.49%。从分年度、分主板情况来看：2011年强制性内部控制审计公司共计210家（其中沪市134家，深市76家），所占比例为56.30%；自愿性内部控制审计公司共计163家（其中沪市106家，深市57家），所占比例为43.70%，单就2011年度来看强制性审计的比例略高于自愿性审计比例，可能源于内部控制审计正处于起步阶段，需要结合后续年度的施行情况再来做长时间窗口分析。2012年强制性内部控制审计公司共计836家（其中沪市575家，深市261家），所占比例为88.28%；自愿性内部控制审计公司共计111家（其中沪市63家，深市48家），所占比例为11.72%，强制性内部控制审计的公司比例较之2011年有大幅度提高。2013年强制性内部控制审计公司共计1029家（其中沪市708家，深市321家），所占比例为94.14%；自愿性内部控制审计公司共计64家（其中沪市33家，深市31家）所占比例为5.86%，强制性内部控制审计的公司比例较之2012年有所提升。2014年强制性内部控制审计公司共计1372家（其中沪市915家，深市457家），所占比例为98.71%；自愿性内部控制审计公司共计18家（其中沪市18家，深市0家），所占比例为1.29%，强制性内部控制审计的公司比例较之2013年稳步提升。2015年强制性内部控制审计公司共计1408家（其中沪市951家，深市457家），所占比例为97.44%；自愿性内部控制审计公司共计37家（其中沪市36家，深市1家），所占比例为2.56%。综合来看2012～2015年中强制性内部控制审计所占比例远高于自愿性内部控制审计所占比例，初步表明国内的内部控制审计正逐步迈入强制性审计阶段。（注：此处所占比例分别是指分年度强制性内部控制审计公司数量占披露内部控制审计报告公司数量的比例；分年度自愿性内部控制审计公司数量占披露内部控制审计报告公司数量的比例。）

3.2.3 内部控制审计收费披露现状

通过阅读上市公司公开披露的年报发现当前情况下内部控制审计收费相关信息披露状况乱象丛生，主要情形如下：①分开披露内部控制审计收费与财务报表审计收费，信息使用者可以清晰获取两类审计收费的信息。②单独列示内部控制审计收费，但是无法得知内部控制审计收费是否包含在财务报表审计收费中，即无法确定披露的审计收费中仅包含财务报表审计收费抑或是其中也包含内部控制审计收费。③在财务报告中列示公司已聘任外部审计师执行内部控制审计并单独公开披露内部控制审计报告，但是并未公开披露内部控制审计收费，而是合并披露财务报表审计收费与内部控制审计收费之和。表3－3列示2011～2015年沪深主板内部控制审计情况，分年度、分主板列示上市公司披露内部控制审计报告与披露内部控制审计收费情况。

表3－3　　2011～2015年沪深主板内部控制审计情况　　单位：家

市场及总计	2011年		2012年		2013年		2014年		2015年		总计	
	报告	收费	报告	收费	报告	收费	报告	收费	报告	收费	报告	收费
沪市	240	18	638	505	741	661	933	888	987	953	3539	3025
深市	133	16	309	187	352	222	457	291	458	312	1709	1028
总计	373	34	947	692	1093	883	1390	1179	1445	1265	5248	4053

注：报告表示披露内部控制审计报告的公司数量；收费表示披露内部控制审计收费公司数量。

资料来源：迪博内部控制与风险管理数据库（DIB）并经作者手工整理，网址：http：//www.dibdata.cn/。

2011～2015年沪深主板披露内部控制审计报告的上市公司有5248家，单独披露内部控制审计收费的上市公司有4053家，占比接近77.23%，一定程度表明进行内部控制审计的上市公司并未全部对外披露其支付给事务所的内部控制审计费用。2011年沪深主板单独披露内部控制审计收费的上市公司仅有34家（其中沪市18家，深市16家），占比不足10%，初步表明内部控制审计收费披露透明度有待提高。2012年沪深主板单独披露内部控制审计收费的上市公司为692家（其中沪市505家，深市187家），占比接近73%，较之上年度有大幅提高。2013年沪深主板单独披露内部控制审计收费的上市公司为883家（其中沪市661家，深市222家），占比接近81%。2014年沪深主板单独披露内部控制审计收费的上市公司为1179家（其中沪市888家，深市291家），占比接近85%。2015年沪深主板单独披露内部控制审计收费的上市公司为1265家（其中沪市953家，深市312家），占比接近87.5%。2012~2015年内部控制审计收费披露透明度逐年提高。（注：此处占比是指披露内部控制审计收费公司数量占披露内部控制审计报告的公司数量的比例。）

3.2.4　整合审计收费披露现状

整合是指在一定条件下使得两种或是更多种事物加强联系，协调共性，优化决策结果。引用营销整合定价来引出整合审计定价经济含义。营销整合定价通常指综合运用产品、促销以及分销策略以期达成最优定价决策效果的整体营销过程。财务报表审计与内部控制审计可以彼此印证，节约审计时间，提高审计效率，降低审计成本，两类审计之间的相互关系使得整合审计应运而生。因此，整合审计收费是同一家事务所为公司提供财务报表审计业务与内部控制审计业务这两项业务的综合收费。从经济含义角度而言，整合审计收费折价为审计师对两类审计业务给予的收费折扣；整合审计收费溢价为审计师对两类审计业务收取的收费溢价。整合审计收费从数量上而言是财务报表审计收费与内部控制审计收费之和。事务所的审计师执行整合审计时承担双重审计风险，换言之，既承担财务报表审计风险亦承担内部控制审计风险，因此，在双重审计风险的压力下加大审计师的诉讼风险。审计师为在资本市场上树立良好的形象，需要持有更加谨慎的执业态度，投入更多的审计资源付出额外的审计努力来确保审计质量。表3-4列示2011~2015年沪深主板单独审计与整合审计情况，表3-5列示2011~2015年沪深主板分开披露财务报表审计收费与内部控制审计收费的上市公司中实施单独审计与整合审计的具体情况。具体而言，表3-4详细地呈现2011~2015年沪深主板中聘请外部独立审计师执行财务报表审计与内部控制审计的上市公司之中执行单独审计的公司情况，执行整合审计的公司情况。

表3-4　　2011~2015年沪深主板单独审计与整合审计情况　　单位：家

市场及总计	2011年		2012年		2013年		2014年		2015年		总计	
	单独	整合	单独	整合	单独	整合	单独	整合	单独	整合	单独	整合
沪市	8	232	14	624	19	722	22	911	23	964	86	3453
深市	5	128	7	302	12	340	15	442	10	448	49	1660
总计	13	360	21	926	31	1062	37	1353	33	1412	135	5113

注：单独表示单独进行内部控制审计与财务报表审计上市公司数量；整合表示实施整合审计上市公司数量。

资料来源：迪博内部控制与风险管理数据库（DIB）并经作者手工整理，网址：http://www.dibdata.cn/。

表3-5　　2011~2015年沪深主板分开披露两类审计收费情况　　单位：家

市场及总计	2011年		2012年		2013年		2014年		2015年		总计	
	单独	整合	单独	整合	单独	整合	单独	整合	单独	整合	单独	整合
沪市	1	16	19	486	20	641	22	867	23	930	85	2940
深市	2	15	8	179	8	214	7	283	7	305	32	996
总计	3	31	27	665	28	855	29	1150	30	1235	117	3936

注：单独表示单独进行内部控制审计与财务报表审计上市公司数量；整合表示实施整合审计上市公司数量。

资料来源：迪博内部控制与风险管理数据库（DIB）并经作者手工整理，网址：http://www.dibdata.cn/。

2011~2015年沪深主板披露内部控制审计报告的上市公司中，实施单独审计即聘请两家不同的事务所分别进行财务报表审计与内部控制审计的上市公司数量有135家，占比接近2.6%。而实施整合审计即聘请同一家事务所进行财务报表审计与内部控制审计的上市公司数量为5113家，占比接近97.4%，表明当前审计市场中整合审计已是大势所趋（方红星、陈娇娇，2016）。将实施单独审计与整合审计的上市公司情况分年度、分主板进行列示：2011年沪深主板实施单独审计的上市公司有13家（其中沪市8家，深市5家），实施整合审计的上市公司有360家（其中沪市232家，深市128家）。2012年沪深主板实施单独审计的上市公司有21家（其中沪市14家，深市7家），实施整合审计的上市公司有 926 家（其中沪市 624 家，深市 302 家）。2013 年沪深主板实施单独审计的上市公司有 31 家（其中沪市 19 家，深市 12 家），实施整合审计的上市公司有 1062 家（其中沪市 722 家，深市 340 家）。2014 年沪深主板实施单独审计的上市公司有 37 家（其中沪市 22 家，深市 15 家），实施整合审计的上市公司有 1353 家（其中沪市 911 家，深市 442 家）。2015 年沪深主板实施单独审计的上市公司有 33 家（其中沪市 23 家，深市 10 家），实施整合审计的上市公司有 1412 家（其中沪市 964 家，深市 448 家）。

整合审计收费在金额上等于内部控制审计收费与财务报表审计收费之和，因此探究整合审计收费详细的披露情况，应当依托于财务报表审计收费的披露情况以及内部控制审计收费的披露情况。因此，在表 3－3 及表 3－4 的基础上，表 3－5 列示 2011～2015 年沪深主板分开披露内部控制审计收费与财务报表审计收费的上市公司情况，并且详细列示其中上市公司中执行单独审计情况，即由两家不同的事务所执行内部控制审计与财务报表审计，因此，上市公司需要分别向两家不同的事务所支付内部控制审计收费与财务报表审计收费。详细列示实施整合审计情况，即上市公司只需向同一家事务所支付内部控制审计收费与财务报表审计收费。2011～2015 年沪深主板分开披露财务报表审计收费与内部控制审计收费且实施单独审计的上市公司共 117 家，实施整合审计的上市公司为 3936 家。分年度、分主板披露情况如下：2011 年沪深主板分开披露财务报表审计收费与内部控制审计收费且实施单独审计的上市公司共 3 家（其中沪市 1 家，深市 2 家），实施整合审计的上市公司为 31 家（其中沪市 16 家，深市 15 家）。2012 年沪深主板分开披露财务报表审计收费与内部控制审计收费且实施单独审计的上市公司共 27 家（其中沪市 19 家，深市 8 家），实施整合审计的上市公司为 665 家（其中沪市 486 家，深市 179 家）。2013 年沪深主板分开披露财务报表审计收费与内部控制审计收费且实施单独审计的上市公司共 28 家（其中沪市 20 家，深市 8 家），实施整合审计的上市公司为 855 家（其中沪市 641 家，深市 214 家）。2014 年沪深主板分开披露财务报表审计收费与内部控制审计收费且实施单独审计的上市公司共 29 家（其中沪市 22 家，深市 7 家），实施整合审计的上市公司为 1150 家（其中沪市 867 家，深市 283 家）。2015 年沪深主板分开披露财务报表审计收费与内部控制审计收费且实施单独审计的上市公司共 30 家（其中沪市 23 家，深市 7 家），实施整合审计的上市公司为 1235 家（其中沪市 930 家，深市 305 家）。

上文的上市公司财务报表审计收费与内部控制审计收费披露现状表明，监管部门急需对上市公司的审计收费的披露进行监管，制定统一的披露规范，提高审计收费信息披露透明度。完善上市公司财务报表审计收费披露制度；完善上市公司内部控制审计收费披露制度。

综上所述，通过详细研读表 3－1、表 3－2、表 3－3、表 3－4 及表 3－5 可发现如下现状：①越来越多的上市公司开始按照内部控制审计指引聘任外部审计师对公司执行内部控制审计业务，也开始对外公开披露内部控制审计报告，其中执行强制性内部控制审计的公司占比较高，整体来看高达 92.51%，而自愿性内部控制审计的公司占比仅为 7.49%，表明正逐步迈入强制性内部控制审计阶段。②通过仔细阅读年报以及通过公开的数据库披露的信息可发现，部分上市公司对外披露的内部控制审计报告即聘任内部控制审计师执行审计业务，但是并未公开披露其支付给审计师的报酬即内部控制审计收费，可以合理推断，目前内部控制审计收费的信息披露仍为自愿性披露阶段。③当前执行内部控制审计的上市公司中，绝大多数公司选择聘任同一家事务所执行整合审计或称同所审计，仅有较少比例的公司选择两家不同事务所分别执行内部控制审计业务与财务报表审计业务或称异所审计，整合审计已成为主流趋势。因此，本章审计收费信息披露的情况也为后文的研究奠定数据基础，由于单独披露内部控制审计收费的公司绝大多数倾向于选择整合审计（占比高达 97.4%），而仅有较少比例的公司（占比仅为 2.6%）选择单独审计。由此，本书主要对整合审计模式下审计的收费进行研究，而剔除单独审计即非整合审计或称异所审计部分的审计收费数据。基于整合审计的压倒性比例，所以也未能采用配对样本展开分析。

3.3 理论基础

3.3.1 委托代理理论

非对称信息博弈论是委托代理理论的前提基础。委托代理理论主要是指依据明示或者隐含的契约，由一方或多方行为主体聘任他方行为主体为其提供服务并签订服务契约，依据契约的约定授予被聘任方一定的决策权利，并依据契约的约定对被聘任方提供的服务的数量以及质量来支付报酬，即为委托代理关系的本质。审计需求代理理论依托于詹森和麦克林（Jensen and Meckling，1976）的委托代理理论。依据代理理论视角，审计诞生的逻辑起点是社会选择而非是外部强制。公司治理结构中所有权与经营权的分离是独立审计的逻辑起点。公司所有权与经营权分离，所有者作为资本投资者聘任外部职业经理人管理公司，其对公司运营的了解远不如经营者，信息不对称问题由此产生。所有者与经营者之间的委托代理矛盾引发独立审计需求的产生，所有者需要建立有效的监督与激励机制来督促经营者，外部独立审计是一种重要的监督制度安排。

委托代理关系产生的根源在于“专业化”，资本市场中，上市公司的所有者为了解受托人经济责任的履行情况，需要全面了解公司的财务状况、经营成果与现金流量等信息。在资本市场上公司所有权与经营权分离，股权较为分散，所有者无法直接约束与监督管理者。管理者基于经济人假设可能会采取机会主义行为（诸如盈余操控、财务舞弊、在职消费等）获取个人利益最大化，与此同时管理者也需要维护个人在资本市场上的职业声誉，需要勤勉尽职向市场传递积极信号获取投资者信任。所有者有着强烈的了解公司信息的需求与期望，但是却力所难及，所有者缺乏专业化的知识来了解公司的经营过程及专业信息，可能缺乏阅读理解财务报告的专业知识。因此，所有者为降低信息不对称而引发的代理成本并同时考察经营者对受托责任的履行程度，需要聘任外部独立的专业中介机构来鉴证管理者提供的财务报告的可信度，独立审计应运而生。因此，为充分满足其了解公司信息的需求与期望，愿意支付报酬在资本市场上寻求专业化的机构即会计师事务所来帮助其了解并评价受托人提供的信息。无独有偶，上市公司的管理者即受托经营者为向公司所有者展示其充分履行受托经济责任亦会愿意接受会计师事务所的独立审计。上市公司聘任事务所对经营者的受托经济责任进行审计，需要花费必要的成本，即为审计收费。随着内部控制审计指引分期分批颁布，内部控制审计业务逐渐成为上市公司的法定审计业务，上市公司需要为事务所提供的内部控制审计服务支付相应的报酬即内部控制审计费用。若是上市公司聘请同一家事务所提供财务报表审计服务与内部控制审计服务，则需要向同一家事务所支付两类审计收费，即为整合审计收费。

3.3.2 市场供需理论

依据经济学相关原理，产品的价格是受产品供需双方的影响，并随供求关系而波动。具体而言，在确保产品的需求量保持稳定状态时，一旦增加产品的供给量，则产品的价格将会发生大幅度下降。与之相对应，若是减少产品的供给量，则产品价格会大幅度上升。同理，若是维持产品稳定的供给量，一旦产品市场需求增加，毋庸置疑将会提升产品价格；而当市场需求不足时，产品的价格将维持在较低的水平。将经济学理论应用于审计市场，从其本质而言，事务所提供的审计服务是审计市场中的产品，而事务所为审计服务的供给方，上市公司是审计服务的需求方，两者讨价还价反复博弈最终达成审计定价。社会需求是审计业务诞生的催化剂，审计业务是客户需求导向的服务产品。审计需求是审计产品的预期使用者，在特定时间内依据偏好以及支付能力，愿意且能够购买的审计服务的数量。审计服务的价格高于会计师事务所的生产成本，是保证审计产品持续供给的必要条件。依据经济学中的供求理论，低于产品成本的定价将导致供给下降，甚至迫使供给方退出市场。在审计市场中，短期内可能存在审计收费低于审计服务生产成本的情况，如审计折扣、低价揽业等现象。但是审计折扣仅仅是事务所在特定情况下的定价，低价揽业的价格亏损也会在未来的利润中得到弥补。因此，长期来看，供给方的定价需高于其生产成本，才能在市场中获得利润进而持续经营。公司聘任事务所执行审计业务可以改善公司披露的财务信息质量，有利于合理配置资源，是经济社会中一项重要的制度安排，具备经济价值。审计需求仅是其经济价值产生的必要条件，经济价值的实现还有赖于提供审计服务的会计师事务所的特征，以及审计服务自身的特质。

SOX 法案直接催生内部控制审计业务，由此，事务所不仅为公司提供财务报表审计业务，还提供内部控制审计业务。从经济学角度来看，审计收费是上市公司与事务所博弈达成的价格受审计服务供需双方的相互影响。财务报表审计收费是公司享受事务所提供的财务报表审计服务而支付的相应财务报表审计报酬。而内部控制审计收费则是公司享受事务所提供的内部控制服务而支付的相应内部控制审计报酬。若是公司聘任同一家事务所为其提供财务报表审计服务与内部控制审计即整合审计抑或称同所审计时，公司需要向同一家事务所支付财务报表审计收费与内部控制审计收费，也称为整合审计收费。因此，依据经济学原理同时借鉴西穆尼奇（1980）的研究范式，基于审计服务需求方即上市公司特征、事务所特征以及审计业务自身特征展开审计收费研究。

3.3.3　审计风险理论

审计收费模型主要由人力资源投入水平与风险溢价补偿两部分组成。其中，人力资源投入水平是指审计师在遵守独立审计准则基础上依据执业经验进行风险评估获取审计证据并执行相应审计程序，在此基础上最终得出审计结论进而签发审计报告而投入的人力资源。既有的研究文献认为人力资源投入水平主要受微观因素的影响，主要包含上市公司特征（资产规模、业务复杂程度、公司组织结构复杂程度、产权性质、固有风险、上市年限、财务杠杆、总部所在地、是否连续审计、被出具的审计意见、是否亏损、内部控制质量、盈余管理程度等），事务所特征（事务所规模与声誉、事务所所在地、审计滞后期限、是否在繁忙季节进行审计等）。在审计市场的具体审计实务中，通常采用审计师努力程度来衡量人力资源投入，诸如，审计师小时工资率或是耗费的审计工时。但是审计工时等数据却未公开披露，基于数据的不可获得性，在实证研究中并未设置审计工时变量。通常而言风险是指事件发生与否的不确定性，因此，风险通常与不确定性相挂钩。在审计实践中存在审计风险，诺曼·哈伦特（Noman Harrent）、菲利普·德佛利（Philip Defolly）、莫茨和夏拉夫等（Motz and Sharap et al.）认为审计风险又称或然性，即额外的风险可能影响企业的交易或事项进而引发财务报表重大错报风险，审计师应将审计资源重点配置于高风险领域。审计师与上市公司签订审计契约时就默认承担潜在的法律赔偿风险，因此，审计师在与上市公司对审计收费进行“讨价还价”时已将法律风险体现在内。这就是审计收费模型中的风险溢价组成部分。风险溢价是审计师根据以往的审计经验与职业判断而确定的审计风险补偿溢价，既有的文献中通常基于宏观环境视角来探讨审计师面临的风险程度，诸如法律环境、监管力度、处罚力度等。在具体的审计实务中审计师通常采用经验评估的方式确定风险溢价补偿。审计师执行整合审计过程中的审计风险不仅包括审计师对财务报表审计时承担的审计风险，同时还应承担执行内部控制审计业务的内部控制审计风险。故而，审计师执行整合审计时面临着双重审计风险的压力，整合审计项目组需要对财务报表审计风险与内部控制审计风险进行科学的衡量与合理划分。

3.3.4 审计保险理论

审计价值的保险理论强制要求审计师承担“深口袋”责任，即信息使用者使用上市公司的虚假信息进行决策遭受经济损失时，可以向有赔偿能力的一方提起诉讼，而不问究竟哪方有错，所以审计师可能并未犯错反而承担赔偿责任风险。随着资本市场法制的不断健全，投资者法律保护意识逐渐增强，审计师的民事法律责任逐步加重。基于审计师职业道德与法律责任的双重视角，审计师有责任签发符合上市公司实际运行情况的审计报告。如果审计师因自身的失职而出具了不可靠的审计报告致使信息使用者遭受经济损失，审计师必须承担相应的赔偿责任。如果审计师对上市公司签发标准无保留意见的审计报告，相当于判定上市公司的财务状况、经营成果、现金流量较为公允。信息使用者基于审计师的专业胜任能力与其事后承担的潜在赔偿责任而信任审计师签发的审计报告。审计契约三方关系人（审计师、上市公司、信息使用者）之间存在隐性契约：如果信息使用者因使用经审计师审计的上市公司的信息进行决策时遭受经济损失，那么审计师需要分担上市公司的责任，双方共同对信息使用者做出赔偿。外部独立审计的保险价值对上市公司而言，减轻其可能负担的经济赔偿。对于信息使用者而言，增加了向审计师索赔的机会，确保经济索赔的可实现程度。

审计保险理论主张审计师对上市公司财务报表出具的审计报告承担赔偿责任，具有保险功能。为降低管理者在公司运营中的机会主义行为而损害上市公司的投资者的经济利益，投资者愿意支付报酬聘任外部独立审计师对管理者的受托经济责任进行审计，增强管理者提供的财务报告的可信性。审计保险理论有两大关键性的前提假设：①财务报告信息使用者拥有起诉财务报告审计师的权利。②审计师有相应的经济赔偿能力。审计保险理论的运行机制是当发生审计失败时，财务报表信息使用者会将部分风险损失转嫁于外部独立审计师，由外部独立审计师分担部分经济损失，从而为信息使用者提供另一重经济利益保护屏障，实现审计的保险价值。在具体的审计实践中，审计师基于风险承担视角会将风险部分考虑在审计收费之中，倾向于要求被审计单位即上市公司支付审计风险溢价。

3.3.5 系统协同理论

美国生物学家贝塔朗菲（Bertalanffy）首次提出系统论，系统论认为系统是由部分组合而成的具有特定功效的有机整体，并不是单独部分的简单相加而成，亦不是将单独部分机械组合而成。任何组织均是由相互关联的要素而构成的有机系统，组织中的子系统也不是独立存在而是与其他子系统之间相互协调彼此影响，从而形成关联性、结构性与平衡性的系统协同效果。系统协同的重要表现是当系统中的要素进行结构性的有序组合时发挥的作用远大于独立要素发挥作用，即达到“1+1>2”的系统协同效用。因此，系统论强调要聚焦于系统整体规律与各组成部分的特征，将各组成部分遵循系统规律组成功效更强更为优化的系统。德国物理学家赫尔曼（Herman）是协同效应的提出者，协同效应起初应用于自然科学领域。协同效应与系统论在一定程度上存在相似之处。系统论认为整体是由部分配合组成的有机整体。赫尔曼认为协同效应是由独立的运动组成的复杂的系统，独立运动之间相互影响形成整体运动。当独立运动无序组合时，协同效应并未起到作用，当且仅当独立运动彼此配合相互影响时才会形成影响系统的有序的整体运动，进而产生协同效应。

从系统论视角而言公司也是完整的系统，公司治理、内部控制等子系统为实现公司目标而彼此协调有序配合，使系统协同效应得到淋漓尽致的发挥。公司的财务报告质量是公司的内部系统与外部系统联合作用的最终结果与全面反映。其中，公司内部系统中对财务报告质量高低起到关键作用的是由管理层设计及执行的内部控制体系。系统论与协同效应在公司的经营管理中起到关键作用，系统协同效应贯穿于公司经营管理过程中，通常表现为公司运营中可以将同一资源运用到不同环节、不同阶段实现资源共享从而产生整体效应。可将公司中部分部门的资源零成本与其他部门共用，充分发挥系统协同效应，进而达到节约成本提高效益的目的。

系统协同效应在审计实务中亦可起到举足轻重的作用。随着内部控制审计指引的分期分批进行，内部控制审计逐步迈入强制审计阶段，内部控制审计逐步成为上市公司的法定审计责任。上市公司的财务报表审计与内部控制审计可视作系统协同效应理论中系统的组成部分，两者之间存在差异又有共同的终极目标。即两类审计在审计对象、审计范围等方面存在差异，终极目标是提高公司财务信息可靠性。故而将财务报表审计与内部控制审计整合实施，即由同一家事务所执行两类审计业务能充分发挥系统协同效应在审计实务中的功效。整合审计应充分结合两类审计业务的规律与相似处来优化系统。由同一家事务所施行两类审计业务，可将财务报表审计资源零成本运用于内部控制审计业务，与此同时，亦可将内部控制审计资源零成本运用于财务报表审计业务，从而达到节约事务所审计资源、提高审计效率降低审计成本的作用。

在整合审计中系统协同效应同样可发挥其作用。财务报表审计与内部控制审计可以零成本互享工作成果，两者彼此系统有序配合可有效节约审计资源提高审计效率。实施整合审计时审计师可以有效地运用财务报表审计与内部控制审计的审计证据与结论，有效实现两类审计信息共享，彼此印证。系统协同效应在整合审计中具体表现为：①审计师在执行财务报表审计程序中在了解公司内部控制时获取的相关知识可以零成本运用于内部控制审计阶段。②审计师在内部控制审计阶段识别的内部控制重大缺陷在一定程度表明与内部控制相联系的账户或是余额等存在重大错报，可以为审计师进行财务报表审计指明重点审计方向。

3.4 本章小结

本章首先回顾与梳理内部控制审计及整合审计制度背景，并对审计市场中财务报表审计收费披露情况、内部控制审计报告披露情况以及内部控制审计收费披露情况进行详尽的展示与分析，为后文实证研究部分提供坚实的数据基础。然后解读相关理论对审计收费研究机理进行分析，为后文的研究奠定理论基础。总结如下：学术界对审计理论研究的逻辑起点主要有以下观点：莫茨与夏拉夫主张审计哲学起点；尚德尔（Schandl）主张审计假设起点；蔡春主张审计本质起点；李若山主张审计目标起点等。审计本质逻辑起点认为审计理论研究应从探究审计本质出发，而内部控制审计作为上市公司的一项法定审计业务，对内部控制审计理论研究也应将内部控制审计本质作为起点，内部控制审计的本质是内部控制审计目标的前提基础。委托代理关系在内部控制审计本质中起到重要作用。资本市场中对外部独立审计需求源于其所提供的价值，审计服务的价值是决定审计收费的重要前提。委托代理理论认为外部独立的审计师能够鉴证代理人即经营者的绩效，证实其“在其位谋其政”的努力，减轻双方之间的信息不对称，从而降低代理成本，实现所有者与经营者双方利益最大化。保险理论认为基于“深口袋”机制，外部独立审计可以分担上市公司部分信息风险，当信息使用者因上市公司财务报告信息质量瑕疵而遭受损失时，外部独立审计需要承担相应的民事责任。系统协同理论认为将财务报表审计与内部控制审计整合实施，即由同一家事务所执行两类审计业务能充分发挥系统协同效应在审计实务中的功效。

第4章　整合审计模式下财务报表审计收费影响因素研究

审计收费是审计服务供给方即事务所与需求方即上市公司，就审计服务而进行多次博弈讨价还价最终签订契约达成的价格，亦称审计定价。西穆尼奇（1980）开创性运用实证研究方法构建模型来检验审计收费的影响因素，认为审计师成本、风险溢价补偿以及事务所利润是审计收费最为主要的三大组成部分，在理论分析的基础上选用代理变量构建模型展开回归。后续关于审计收费影响因素的研究并未发生实质性变革，大多承袭西穆尼奇（1980）的研究框架，在此模型基础上加入新的控制变量或是进行更为详尽的市场划分等。早期的审计收费主要是上市公司购买事务所提供的财务报表审计服务而支付的审计报酬。随着安然、世通等震撼人心的财务舞弊案件的频发，催生了引发全球关注的内部控制制度，尤其是2002年美国国会颁布的具有里程碑意义的SOX法案，更是为全面推进内部控制的施行起到举足轻重的奠基性作用。以SOX法案为分水岭，事务所从此担负起为上市公司的内部控制自我评价出具外部独立审计意见的职责，因此还需要向为其提供内部控制审计服务的事务所支付另一份审计报酬即内部控制审计收费。SOX法案曾因高额的执行成本而让上市公司望而却步，为进一步推动其执行，PCAOB先后颁布2号审计准则与5号审计准则，并提出上市公司可执行整合审计业务。

美国审计市场上只存在整合审计模式，即由同一家事务所为上市公司同时提供财务报表审计与内部控制审计。国内审计市场中目前存在两种审计模式：单独审计（异所审计）与整合审计（同所审计）。单独审计是指由一家事务所为上市公司提供财务报表审计而由另一家事务所提供内部控制审计。国内的审计模式目前仍为自愿选择阶段，尚未强制要求进行整合审计。执行内部控制审计会带来额外的审计成本，国外审计市场曾因内部控制审计成本过高而引起争议，在一定程度上阻碍内部控制审计的全面推行。因此迫切需要寻求方法在降低内部控制审计成本的同时又有助于全面推行内部控制审计。美国研究者认为实施整合审计可以有效达成以上目标。前文制度背景部分清晰地列示了国内单独审计与整合审计的实施情况，并更为细致地列示了其中分开披露财务报表审计收费与内部控制审计收费的总体情况。方红星、陈娇娇（2016）的研究表明随着内部控制审计指引分期分批进行以及两类审计业务之间的协同作用，大部分的上市公司偏好选择同一家事务所来执行整合审计业务。研究发现 2011 ~ 2014 年沪深主板分开披露财务报表审计收费与内部控制审计收费的上市公司中将近有 97.2% 的公司执行整合审计，相关研究及数据表明整合审计已大势所趋。

SOX 法案实施后的审计收费组成部分有别于早期的审计收费，可能还包含内部控制审计收费等。因此，基于制度背景的变迁以及审计实务的变化，后期审计收费影响因素的研究可能存在较多的混淆因素。本章立足于独特的整合审计制度背景，采用 2011 ~ 2015 年沪深主板分开披露财务报表审计收费与内部控制审计收费并执行整合审计的上市公司为研究样本，探讨整合审计模式下财务报表审计收费影响因素，在较为“干净”的环境下将上市公司支付的财务报表审计收费单独剥离出来展开其影响因素的研究，有助于深入了解整合审计模式下审计师对财务报表审计收费的定价策略，在扩展审计收费研究的同时也为整合审计施行提供经验证据。

4.1　理论分析与研究假设

财务报表审计收费是公司享受事务所提供的财务报表审计服务而支付的相应审计报酬。从其本质而言，事务所提供的财务报表审计服务是审计市场中的产品，依据经济学相关原理，产品的价格是受产品供需双方的影响，两者讨价还价反复博弈最终达成的价格。因此，整合审计模式下财务报表审计收费是上市公司与事务所博弈达成的价格受审计服务供需双方的相互影响。因此，依据经济学原理同时借鉴西穆尼奇（1980）的研究范式，基于审计服务需求方即上市公司特征、供给方即事务所特征以及财务报表审计业务自身特征展开整合审计模式下财务报表审计收费研究。

1. 上市公司特征对财务报表审计收费的影响

通过前文财务报表审计收费文献回顾部分总结可知，就公司特征中单个因素而言其中公司规模的解释力度最高，海伊等（2006）的研究表明公司规模对审计收费的影响力度高达57%。这也与相关理论以及直觉逻辑相符。上市公司的规模越大，日常运营中涉猎的事项愈发纷繁复杂，可能涉及大量的会计政策选择及会计调整问题，无疑增加了审计难度。事务所在签订审计契约时会依据上市公司的规模来评估其可能存在的审计风险，需要耗费的审计工时以及需要指派的具有相应执业能力的审计师人选。审计师在执业过程中随时持有谨慎的职业态度，为避免审计失败风险以及法律诉讼风险，在审计大规模的上市公司时，毋庸置疑，审计师应当耗费加倍的额外的审计努力，执行更为详尽细致的审计程序，故而收取高额的溢价补偿。因此，提出如下假设：

H1a：财务报表审计收费与公司规模正相关。

上市公司业务复杂程度越高，直接增加聘请的为其提供财务报表审计服务的外部独立审计师的审计难度。既有研究中多数采用纳入合并报表的子公司数量来度量公司业务复杂程度，将直觉逻辑与审计实务相结合进行思考会发现，上市公司子公司数量越多，发生关联交易的可能性越大，上市公司管理层在编制合并报表时需要做出的抵消与调整事项越多。同时考虑管理层的诚信水平、业务能力等，可能在复杂业务处理中诱发其机会主义行为，增加财务报表发生重大错报的可能性。这对外部审计师提出高难度的审计挑战，审计师在审计业务复杂程度高的上市公司时，需要向高风险审计领域投放大量的审计资源，广泛搜集审计证据作为降低审计风险的支撑，实施更为细致的审计程序。同时指派高水平的审计人员从事审计工作，直接增加了审计业务的人力成本。事务所出于成本与效益的考量，要求公司支付高额的审计费用来弥补付出的高额的审计投入。因此，提出如下假设：

H1b：财务报表审计收费与公司业务复杂程度正相关。

我国资本市场存在两种产权性质的上市公司，其实际控制人身份可能会影响公司对事务所的选择偏好，而基于特殊的制度安排，外部审计师在签订审计契约商讨审计收费时态度有所差异。较之非国有上市公司而言，国有上市公司的管理人员拥有庞大的社会关系网络，易于从关系网中获取政策支持与信息优势。将获取的相关资源运用到公司的日常运营活动中，降低审计风险并获取外部审计师信任。站在审计师视角而言，政府给予国有上市公司的资源及政策支持行为会降低审计风险，审计师收取较低的审计费用。此外，国有上市公司的管理者多为行政任免制，管理者在其职位上面临内部绩效考核与外部市场竞争的双重压力，面临着较高的替换风险。因此，为避免在职期间被替换，需要“在其位谋其政”，勤勉敬业高效配置资源。审计师收取的审计费用亦是上市公司管理费用的组成部分，管理者期望通过支付较低审计费用来降低成本提升公司业绩获得良好的评价，进而得到晋升机会。基于此，事务所对国有控股上市公司收取较低的审计费用。因此，提出如下假设：

H1c：财务报表审计收费与公司的国有产权性质负相关。

上市公司固有风险是审计师执行财务报表审计时关注的重要风险点，审计师评估审计收费高低时会对其予以重点考虑。而审计风险溢价补偿是审计收费的重要组成部分直接与其相挂钩。既有文献中多数采用存货占总资产比率、应收账款占总资产比率、上市公司是否发生亏损等来衡量固有风险。存货与应收账款是较易潜伏风险之处，在审计实务中通常表现为：存货占总资产比例越高，审计师在执行财务报表审计程序时需要耗费大量的审计工时实施存货监盘程序，尤其是当上市公司的存货并未存放在同一地点时尤其如此。应收账款占总资产比例越高，审计师在执行财务报表审计程序时需要实施的应收账款函证程序越多，审计范围越大，付出额外的审计努力。其次，应收账款在公司资产总额中比例越高则期末时发生坏账的概率越大，将会引发资产缩水。审计师需要在审计过程中时刻保持职业谨慎执行相关的审计程序挤出公司资产中的“泡沫”。上市公司在本年度发生亏损，隐含着较高的财务及经营风险是公司固有风险的重要组成部分，审计师需要关注的审计风险点较多，在执行审计程序时需要与客户反复进行沟通与协商，耗费大量的审计工时。因此，提出如下假设：

H1d：财务报表审计收费与公司的固有风险正相关。

2. 会计师事务所特征对财务报表审计收费的影响

通常而言，在审计市场中审计师声誉具备信号传递功能。一旦事务所建立优质品牌，审计师为维护品牌形象会自发提升专业胜任能力提供高质量审计服务。上市公司作为资本市场的主要参与者，期望建立优质的形象与声誉来获取投资者信任。为降低资本市场信息不对称而引发的逆向选择风险，在选择审计师时不仅考虑自身对审计质量的需求，同时兼顾可能对公司形象的影响。公司偏好选聘声誉较高的审计师来执行审计业务以期传达其投资风险较低的优质信号；审计师为维护其良好声誉，需要提供优质服务以期获得客户的持续信任。审计市场中存在“深口袋”效应，国际四大的审计师一旦受到起诉，诉讼惩罚丧失声誉将失去未来获取准租的机会，审计师声誉受损将削弱其保留老客户与吸收新客户的能力，致使市场份额降低因而大规模事务所有更强的维护品牌声誉的经济动机。国际四大具备优质的审计服务质量、充足的审计资源、专业化的审计技术、完善的审计体系，享有国际声誉与全球影响力，因此，国际四大收取高额的声誉溢价。因此，提出如下假设：

H2a：财务报表审计收费与事务所声誉正相关。

事务所提供连续审计服务业务的话题一般会与审计师变更业务相对应，而既有研究文献中，但凡涉及事务所变更与审计收费相关研究，一般会紧密联系初始审计定价折扣问题。初始审计定价折扣，也称低价揽业，指发生审计师变更业务时后任审计师初次接受审计业务时以明显低于耗费的审计成本的价格达成审计契约行为。初始审计定价折扣的重要基础在于审计师期望在未来较长的年限内获得客户的聘约，长期连续审计客户获取客户的青睐，可用未来长期聘约内获取的收益来弥补初始签订审计契约时给予的低于审计成本的审计收费折扣而造成的前期损失。初始审计定价折扣暗含着审计师与客户未来长期合作的隐含表达。而当审计师持续为客户财务报表审计服务时，可以期待在以后的聘约期内审计收费提升回来，以此来弥补初始审计折扣的前期损失。而公司更换会计师事务所面临着新的契约成本与交易费用，聘任新的会计师事务所需要耗用大额启动成本，将会耗费公司大量的人力财力等资源去搜集后任事务所的详细信息以此精心进行评估和筛选，选择出合适的事务所并与之谈判，签订契约。一旦发生事务所变更，后聘任的事务所不能充分掌握客户的基本情况，也无从保证审计质量。李爽、吴溪（2004）研究审计任期对审计收费的影响，并将审计任期进行时间段划分首次审计、中长期审计任期以及长期审计任期，研究发现当审计师提供的审计服务期限越长时审计收费越高，初步证实随着审计任期的延长，审计师对审计客户风险的敏感度逐渐下降，这也与西蒙和弗朗西斯（1988）的研究相一致。因此，事务所连续提供财务报表审计服务既可能与财务报表审计收费正相关，也可能负相关。因此，提出如下假设：

H2b：财务报表审计收费与事务所提供连续审计服务相关。

3. 财务报表审计业务自身特征

公司被出具非标准财务报表审计意见往往表征审计师需要实施额外的更为详尽的审计程序，进而耗费更为长久的审计工时，由此直接导致审计师人工成本的增加，故而需要收取高额审计收费溢价补偿。非标准审计意见向投资者传达负面信息，暗含着公司经营风险与财务风险较大，进而影响其持续经营能力。审计师面临着较高的审计失败风险，与此同时承受着上市公司与监管部门的双重压力。在出具非标准审计意见之前，双方意见分歧的协商与沟通是漫长的过程，审计师会更加勤勉与谨慎，付出加倍的审计努力，因此，非标准内审计意见的出具导致审计时间的增加，进而增加审计成本。因此，提出假设：

H3：财务报表审计收费与非标准审计意见正相关。

4.2 研究设计

4.2.1 样本选取与数据来源

本章主要研究整合审计模式下财务报表审计收费影响因素，因此，选取2011～2015年沪深主板分开披露财务报表审计收费与内部控制审计收费并执行整合审计的上市公司为研究样本，同时进行如下筛选：①剔除ST和＊ST公司，该类上市公司可能存在退市风险，数据可能存在较大波动不甚稳健。②剔除金融类上市公司，该类上市公司行业特征比较特殊。③剔除数据缺失公司。财务数据主要来自DIB内部控制与风险管理数据库、WIND和CSMAR数据库，财务报表连续审计相关数据通过手工搜索上市公司的年报整理获得。对于模型中的连续变量，在回归分析时按1%进行缩尾（winsorize）处理。

前文第3章制度背景部分提及2011～2015年沪深两市主板财务报表审计收费披露情况、内部控制审计收费披露情况、整合审计收费披露情况。紧密结合本章研究主题，并借鉴前文表3－3即2011～2015年沪深主板内部控制审计情况表，表3－4即2011～2015年沪深主板单独审计与整合审计情况表，表3－5即2011～2015年沪深主板分开披露两类审计收费情况表，在前表的基础上并结合筛选条件选出本章研究样本数量，具体而言样本为分开披露财务报表审计收费与内部控制审计收费并且执行整合审计的公司，具体见表4－1。

表4－1　样本公司数量　单位：家

市场及总计	2011年	2012年	2013年	2014年	2015年	总计
沪市	14	444	605	797	830	2690
深市	12	161	200	268	282	923
总计（样本公司数量）	26	605	805	1065	1112	3613

表4－1列示本部分研究中的样本公司数量，2011～2015年沪深主板最终进入研究样本的上市公司共计3613家，其中沪市共计2690家，深市共计923家。分年度分主板来看，其中，整合审计模式下2011年沪市主板样本公司数量为14家，深市主板样本公司数量为12家，整体来看2011年样本公司数量较少也是源于此阶段正是内部控制审计的初始起步阶段。2012年沪市主板样本公司数量为444家，深市主板样本公司数量为161家，样本数量较之2011年有着大幅度提高。2013年沪市主板样本公司数量为605家，深市主板样本公司数量为200家，样本

数量较之2012年有着稳步的增加。2014年沪市主板样本公司数量为797家，深市主板样本公司数量为268家。2015年沪市主板样本公司数量为830家，深市主板样本公司数量为282家。由表4-1可初步得出内部控制审计迈入稳步执行阶段。

4.2.2　变量定义

本章的被解释变量、解释变量及控制变量详见表4-2。其中，财务报表审计收费影响因素实证研究中采用的公司规模代理变量不尽相同，主要包含公司总资产（取自然对数）、收入总额（取自然对数）、现金流量等，但是国内审计市场发展尚不成熟，加之上市公司可能存在盈余管理等行为使得采用损益作为公司规模代理变量的解释力度大打折扣。此外，会计准则严格限制会计政策的选择与运用，公司资产来衡量公司规模的可信性较强。衡量上市公司业务复杂程度的代理变量主要有纳入合并报表子公司数量、海外子公司数量、业务多元化程度等，上述代理变量对审计收费的解释力度不尽相同，大多数研究支持采用纳入合并报表子公司数量来衡量公司业务复杂程度。

表4-2　　变量说明

变量类别	变量符号	变量名称	变量含义	预期符号
被解释变量	FSF	财务报表审计收费	公司年报中披露的财务报表审计收费金额的自然对数	
解释变量	Size	公司规模	公司总资产的自然对数	+
	Comp	公司业务复杂程度	纳入公司合并报表的子公司的平方根	+
	SOE	产权性质	实际控制人为国有股，取1；否则取0	-
	Inv	存货/总资产	存货除以总资产	+
	Rec	应收账款/总资产	应收账款除以总资产	+

续表

变量类别	变量符号	变量名称	变量含义	预期符号
解释变量	Loss	亏损	样本年度净利润小于零，取1；否则取0	+
	Big4	事务所声誉	事务所为国际四大取值为1，否则取0	+
	Tenure	连续财务报表审计	财务报表连续审计取1；否则取0	+/-
	Opin	审计意见	审计师出具财务报表审计意见，非标准审计意见取1；标准审计意见取0	+
控制变量	Listyear	上市年限	公司的上市年限	+/-
	CurRat	流动比率	流动资产除以流动负债	+/-
	ROA	资产收益率	公司的净利润除以总资产平均余额	+/-
	Lev	资产负债率	公司的期末负债总额除以期末资产总额	+/-
	Locat	公司所在地区	按照公司总部所在地划分为3个地区：东部地区；中部地区；西部地区	+/-
	Year	年份	虚拟变量	+/-
	Ind	行业	虚拟变量	+/-

4.2.3 模型构建

借鉴西穆尼奇（1980）审计收费模型，建立整合审计模式下财务报表审计收费影响因素模型（4－1）：

$$FSF = \beta_0 + \beta_1 Size + \beta_2 Comp + \beta_3 SOE + \beta_4 Inv + \beta_5 Rec + \beta_6 Loss + \beta_7 Big4 + \beta_8 Tenure + \beta_9 Opin$$

$$+ \beta_{10}Listyear + \beta_{11}CurRat + \beta_{12}ROA$$
$$+ \beta_{13}Lev + \beta_{14}Locat + \beta_{i}Year + \beta_{j}Ind + \xi \qquad (4-1)$$

4.3 实证分析

本部分包含整合审计模式下财务报表审计收费影响因素变量的描述性统计分析结果，变量相关性分析结果，模型实证回归结果以及稳健性检验结果。

4.3.1 描述性统计分析

变量的描述性统计分析结果见表4－3。

表4－3　　变量的描述性统计

变量	平均值	标准差	最小值	25%分位	中位数	75%分位	最大值
FSF	13.695	0.732	12.429	13.181	13.528	14.047	16.470
Size	22.638	1.328	19.549	21.767	22.525	23.438	26.472
Comp	4.260	2.038	1.000	2.828	3.873	5.292	11.576
SOE	0.731	0.444	0.000	0.000	1.000	1.000	1.000
Inv	0.174	0.181	0.000	0.051	0.119	0.218	0.790
Rec	0.085	0.093	0.000	0.017	0.052	0.120	0.423
Loss	0.126	0.332	0.000	0.000	0.000	0.000	1.000
Big4	0.092	0.289	0.000	0.000	0.000	0.000	1.000
Tenure	0.505	0.500	0.000	0.000	1.000	1.000	1.000
Opin	0.038	0.191	0.000	0.000	0.000	0.000	1.000
Listyear	15.032	5.039	1.000	12.000	16.000	18.000	23.000
CurRat	1.612	1.218	0.201	0.894	1.299	1.913	7.553

续表

变量	平均值	标准差	最小值	25%分位	中位数	75%分位	最大值
ROA	0.188	0.245	-0.116	0.034	0.068	0.288	0.862
Lev	0.520	0.201	0.092	0.372	0.526	0.675	0.931

表4-3列示整合审计模式下财务报表审计收费影响因素模型中主要变量的描述性统计情况：①财务报表审计收费自然对数的波动范围从12.429到16.470，初步表明样本公司财务报表审计收费差异性较大。②上市公司规模的最小值为19.549，最大值为26.472，纳入回归模型中的样本公司规模各有千秋。③上市公司业务复杂程度的标准差为2.038，初步表明样本公司业务复杂程序波动差异性较大。④将近有73.1%的样本公司是国有上市公司，初步表明国有上市公司中执行整合审计比例较高。究其原因可能源于内部控制相关规范与指引中的规定，实施时间进度表中要求2012年1月1日之后在沪深主板上市的国有控股公司应执行内部控制审计业务，故而在样本中国有控股公司所占比例较高。⑤样本公司中将近12.6%的公司在样本年度发生亏损，整体而言样本公司经营业绩较好。⑥样本公司中低于10%的上市公司聘任国际四大的审计师执行整合审计模式下的财务报表审计，初步表明国内审计市场中国际四大所占比例较低并未占据市场垄断位置，本土所占据主要市场势力，竞争较为激烈。⑦超过半数的样本公司连续进行财务报表审计。⑧样本公司上市年限的均值高达15年，上市年限较长。

4.3.2 相关性分析

表4-4列示变量相关性分析结果，从中可见公司规模、业务复杂度、亏损、审计师声誉、非标准审计意见等与财务报表审计收费呈正相关关系，国有产权性质与财务报表审计收费呈负相关关系，也初步验证了前文提出的假设。样本中变量的相关性系数较低，不存在严重的多重共线性。

表4-4 变量相关性分析

	FSF	Size	Comp	SOE	Inv	Rec	Loss	Big4	Tenure	Opin	Listyear	CurRat	ROA	LEV
FSF		0.715***	0.606***	0.020	0.004	0.041**	0.078***	0.387***	0.072***	0.061***	-0.064***	-0.156***	0.046***	0.232***
		0.000	0.000	0.234	0.822	0.014	0.000	0.000	0.000	0.000	0.000	0.000	0.005	0.000
Size	0.744***		0.551***	0.157***	0.076***	-0.074***	-0.127***	0.379***	0.001	-0.159***	-0.176***	-0.211***	0.049***	0.384***
	0.000		0.000	0.000	0.000	0.000	0.000	0.000	0.998	0.000	0.000	0.000	0.003	0.000
Comp	0.558***	0.535***		0.041**	0.121***	-0.029*	-0.122***	0.170***	0.021	-0.097***	-0.029*	-0.108***	0.058***	0.216***
	0.000	0.000		0.014	0.000	0.080	0.000	0.000	0.208	0.000	0.077	0.000	0.000	0.000
SOE	-0.061***	0.127***	0.051***		-0.046***	-0.014	-0.009	0.068***	-0.034**	-0.049***	0.004	-0.114***	-0.057***	0.089***
	0.000	0.000	0.002		0.006	0.409	0.578	0.000	0.039	0.003	0.829	0.000	0.001	0.000
Inv	-0.001	0.016	0.124***	-0.026		0.103***	-0.038**	-0.068***	-0.017	-0.064***	0.040**	0.305***	-0.041**	0.240***
	0.932	0.331	0.000	0.112		0.000	0.021	0.000	0.321	0.000	0.015	0.000	0.015	0.000
Rec	0.015	-0.111***	0.020	-0.010	-0.073***		-0.002	-0.012	-0.043***	-0.017	-0.116***	0.143***	-0.008	-0.016
	0.377	0.000	0.241	0.534	0.000		0.892	0.462	0.010	0.306	0.000	0.000	0.628	0.323
Loss	0.068***	-0.114***	-0.133***	-0.009	-0.045***	-0.014		-0.069***	-0.006	0.251***	0.048***	-0.200***	-0.237***	0.196***
	0.000	0.000	0.000	0.578	0.007	0.393		0.000	0.701	0.000	0.004	0.000	0.000	0.000
Big4	0.500***	0.330***	0.157***	0.068***	-0.056***	-0.004	-0.069***		-0.006	0.251***	0.048***	-0.200***	-0.237***	0.196***
	0.000	0.000	0.000	0.000	0.001	0.810	0.000		0.701	0.000	0.004	0.000	0.000	0.000

续表

	FSF	Size	Comp	SOE	Inv	Rec	Loss	Big4	Tenure	Opin	Listyear	CurRat	ROA	LEV
Tenure	0. 047 ***	0. 002	0. 048 ***	-0. 034 **	-0. 026	-0. 062 ***	-0. 006	0. 029 *		-0. 050 ***	0. 052 ***	-0. 011	0. 020	-0. 041 **
	0. 005	0. 900	0. 004	0. 039	0. 122	0. 000	0. 701	0. 078		0. 003	0. 002	0. 515	0. 226	0. 013
Opin	0. 065 ***	-0. 116 ***	-0. 110 ***	-0. 049 ***	-0. 050 ***	-0. 009	0. 251 ***	-0. 038 **	-0. 050 ***		0. 054 ***	-0. 028 *	-0. 040 **	0. 123 ***
	0. 000	0. 000	0. 000	0. 003	0. 003	0. 583	0. 000	0. 022	0. 003		0. 001	0. 093	0. 016	0. 000
Listyear	-0. 150 ***	-0. 126 ***	0. 019	0. 043 ***	0. 113 ***	-0. 086 ***	0. 065 ***	-0. 086 ***	0. 071 ***	0. 061 ***		-0. 051 ***	0. 003	0. 051 ***
	0. 000	0. 000	0. 257	0. 009	0. 000	0. 000	0. 000	0. 000	0. 000	0. 000		0. 002	0. 835	0. 002
CurRat	-0. 140 ***	-0. 236 ***	-0. 068 ***	-0. 134 ***	0. 072 ***	-0. 008	0. 251 ***	-0. 082 ***	-0. 024	-0. 101 ***	-0. 023		0. 019	-0. 581 ***
	0. 000	0. 000	0. 000	0. 000	0. 000	0. 649	0. 000	0. 000	0. 152	0. 000	0. 167		0. 266	0. 000
ROA	0. 037 **	0. 059 ***	0. 047 ***	-0. 036 **	0. 076 ***	0. 018	-0. 030 *	0. 004	0. 014	0. 031 *	0. 036 **	-0. 109 ***		-0. 048 ***
	0. 026	0. 000	0. 005	0. 029	0. 000	0. 286	0. 075	0. 797	0. 408	0. 065	0. 029	0. 000		0. 004
Lev	0. 224 ***	0. 338 ***	0. 197 ***	0. 089 ***	0. 290 ***	0. 070 ***	0. 207 ***	0. 036 **	-0. 043 ***	0. 141 ***	0. 086 ***	-0. 532 ***	0. 197 ***	
	0. 000	0. 000	0. 000	0. 000	0. 000	0. 000	0. 000	0. 032	0. 010	0. 000	0. 000	0. 000	0. 000	

注：右上角为 Pearson 相关系数；左下角为 Spearman 相关系数。*** 表示在 1% 的水平上显著；** 表示在 5% 的水平上显著；* 表示在 10% 的水平上显著。

4.3.3　实证结果分析

表4－5列示整合审计模式下财务报表审计收费影响因素模型的回归结果。

表4－5　　整合审计模式下财务报表审计收费影响因素模型回归结果

变量	回归系数	T值	P值	VIF值
Size	0.307***	38.947	0.000	2.51
Comp	0.086***	19.904	0.000	1.77
SOE	－0.059***	－3.585	0.000	1.23
Inv	－0.141**	－2.380	0.017	2.63
Rec	0.265***	2.888	0.004	1.66
Loss	0.066***	2.944	0.003	1.26
Big4	0.646***	25.024	0.000	1.28
Tenure	0.056***	4.141	0.000	1.05
Opin	0.151***	4.052	0.000	1.16
Listyear	－0.002	－1.021	0.307	1.26
CurRat	0.004	0.466	0.642	2.09
ROA	－0.085	－1.399	0.162	5.05
Lev	0.034	0.600	0.549	3.03
Locat	YES			
Year	YES			
Ind	YES			
Intercept	6.582***	34.443	0.000	
Adjusted R^2	0.706			
F值	145.583			
N	3613			

注：*** 表示在1%的水平上显著相关；** 表示在5%的水平上显著相关；* 表示在10%的水平上显著相关。

表4-5列示整合审计模式下财务报表审计收费影响因素模型的实证回归结果，从解释变量的回归结果来看：

1. 上市公司特征

（1）公司规模的回归系数为0.307，与财务报表审计收费在1%的水平上显著正相关，与假设H1a的预期相一致，也印证了既有的研究，上市公司的资产规模显著影响财务报表审计收费。单就模型回归结果的系数比较来看，公司规模对财务报表审计收费的解释力度较高。大规模上市公司的日常运营中涉猎纷繁复杂的事项，加之潜在的经营风险均会促使审计师投入大量审计资源，付出超额的审计努力进而向公司收取高额的审计费用来作为成本补偿。

（2）公司业务复杂性的回归系数为0.086，与财务报表审计收费在1%的水平上显著正相关，与假设H1b的预期相一致，公司纳入合并报表的子公司数量越多其背后隐含的发生集团内部交易可能越为频繁，直接增加审计风险与审计难度，审计师需要扩大审计程序范围，配备高水平执业能力的审计人员，增加审计成本收取高额的溢价补偿。

（3）国有产权性质的回归系数为-0.059，与财务报表审计收费在1%的水平上显著负相关，与假设H1c的预期相一致，国有控股上市公司拥有紧密的政治关联资源以及庞大的政府关系网络，易于从政府获得资源与政策支持从而降低审计风险，审计师可节约审计资源的投入，在确保审计质量的前提下提高审计效率，因此审计师收取较低额度的审计收费。

（4）应收账款占总资产比率、上市公司是否发生亏损均与财务报表审计收费在1%的水平上显著正相关，与假设H1d的预期相一致。若是应收账款在公司总资产中所占比例较高，则期末发生坏账的可能性较大，将会使得资产发生大幅度的缩水。为进一步核实应收账款的存在及完整性、准确性，审计师需要执行的应收账款函证程序越多，直接增加了审计工时的投入。审计师在审计样本年度内发生亏损的上市公司时需要时时保有谨慎态度，需要关注的审计风险重点较多，需要实施更为细致的审计程序，从而付出加倍的审计努力，进而增加审计成本，收取高额的审计收费来补偿超额的审计投入。存货占总资产比率与审计收费呈显著的负相关，这与韩洪灵、陈汉文（2007）的研究结论一致，究其原因可能在于存货占总资产比例不仅可以表征审计复杂程度，在一定程度上表明公司较低的流动性风险。也可能源于不同行业不同规模的公司中存货占资产比例差异较大。

2. 会计师事务所特征

（1）会计师事务所的声誉或是规模的回归系数为0.646，与财务报表审计收费在1%的水平上显著正相关，与假设H2a的预期相一致。证实享有国际声誉的四大事务所收取高额的审计收费溢价，公司偏好于为获取优质声誉的事务所提供的审计服务而支付高价的审计费用。

（2）公司的连续财务报表审计的回归系数为0.056，与财务报表审计收费在1%的水平上显著正相关，与假设H2b的预期相一致，也与西蒙和弗朗西斯（1988），李爽、吴溪（2004）的研究相一致，当审计师提供的审计服务期限越长时收取的审计收费越高，上市公司与为其连续提供财务报表审计服务的事务所之间建立相互信任的良好合作关系，客户较为信赖持续合作的审计师提供的审计服务，从而愿意向审计师支付高额的审计费用以此继续享受值得信赖的审计服务。

3. 财务报表审计业务自身特征

被出具非标准财务报表审计意见的相关系数在与财务报表审计收费在1%的水平上显著正相关，假设H3得到验证。审计师为公司出具非标准审计意见需要追加额外的审计程序付出加倍的审计努力，并面临上市公司较高的经营风险与财务风险，还承受公司与监管部门的双重施压。因此收取高额的溢价补偿。

模型的方差膨胀系数（variance inflation factor，VIF）最高为5.05远低于10，合理推断构建的模型不存在严重的多重共线性。调整R^2为70.6%，模型整体解释力度较高。

4.4　稳健性检验

为避免异方差与序列自相关的影响，采用公司层面聚类（cluster）的稳健标准误（robust）进行稳健性检验，回归结果见表4-6。验证了前文的假设与回归结果，表明研究结论较为稳健。为进一步验证结论的稳健性，将财务报表审计收费分年度分行业取均值，大于均值取值为1，否则为0，采用Logit回归，稳健性检验结果见表4-7，基本验证前文的假设，表明研究结论较为稳健。

表4-6　稳健性检验回归结果（一）

变量	回归系数	T值	P值	VIF值
Size	0.307***	20.144	0.000	2.51
Comp	0.086***	10.698	0.000	1.77
SOE	-0.059**	-2.471	0.012	1.23
Inv	-0.141*	-1.676	0.094	2.63
Rec	0.265*	1.706	0.088	1.66
Loss	0.066***	2.990	0.003	1.26
Big4	0.646***	11.099	0.000	1.28
Tenure	0.056***	2.659	0.008	1.05
Opin	0.151***	3.339	0.001	1.16
Listyear	-0.002	-0.593	0.553	1.26
CurRat	0.004	0.311	0.756	2.09
ROA	-0.085**	-2.106	0.035	5.05
Lev	0.034	0.363	0.717	3.03
Locat	YES			
Year	YES			
Ind	YES			
Intercept	6.582***	20.012	0.000	
Adjusted R^2	0.711			
F值	145.583			
N	3613			

注：***表示在1%的水平上显著相关；**表示在5%的水平上显著相关；*表示在10%的水平上显著相关。

表4-7 稳健性检验回归结果（二）

变量	回归系数	Z值	P值
Size	1.303 ***	19.263	0.000
Comp	0.473 ***	13.030	0.000
SOE	-0.470 ***	-4.179	0.000
Inv	-1.633 ***	-3.949	0.000
Rec	1.170 *	1.853	0.064
Loss	0.298 **	1.992	0.046
Big4	1.847 ***	7.309	0.000
Tenure	0.264 ***	2.887	0.004
Opin	0.659 **	2.505	0.012
Listyear	0.015	1.470	0.142
CurRat	0.074	1.405	0.160
ROA	0.024	0.057	0.955
Lev	0.602	1.506	0.132
Locat	YES		
Year	YES		
Ind	YES		
Intercept	-30.394 ***	-18.909	0.000
Pseudo R^2	0.382		

注：*** 表示在1%的水平上显著相关；** 表示在5%的水平上显著相关；* 表示在10%的水平上显著相关。

4.5 本章小结

审计收费是审计服务供需双方讨价还价达成的审计服务价格，西穆尼奇（1980）开创性地构建审计收费影响因素模型，实证考察发现审计收费由审计成本、风险溢价以及事务所利润三部分组成。后续30多年间关于资本市场中审计收费影响因素的相关研究大多沿袭此框架，并在不同国家地区以及不同行业中得到不同程度的验证。但是较早年间审计收费主要是审计师为客户提供的财务报表审计业务而收取的报酬，而SOX法案的颁布则为审计收费内在构成带来冲击，SOX法案实施后的审计收费中可能包含审计师为上市公司提供内部控制审计服务而收取的内部控制审计报酬，因此，SOX法案之后审计收费的构成因素中可能包含较多的混淆成分。为推进SOX法案的实施，PCAOB先后颁布AS2与AS5直接催生了整合审计，即聘任同一家事务所来为同一家公司提供财务报表审计服务与内部控制审计服务，而且目前美国审计市场中仅存在整合审计模式。

基于此，SOX法案执行之后审计收费中至少包含事务所提供的财务报表审计服务以及内部控制审计服务而收取的这两大类审计报酬，美国的上市公司并未公开对外披露两类审计收费，而是披露综合收费即整合审计收费，因此，西穆尼奇（1980）构建的财务报表审计收费影响因素模型的适用性可能会有所削弱。而在国内审计市场中，从公开的数据库中可以获取分开披露财务报表审计收费与内部控制审计收费的数据。因此，本章立足于独特的整合审计制度背景，采用2011～2015年沪深主板分开披露两类审计收费并执行整合审计的上市公司为研究样本，从上市公司特征、会计师事务所特征以及财务报表审计业务自身特征三大视角探讨整合审计模式下财务报表审计收费影响因素。具体而言即为将上市公司支付的财务报表审计收费单独剥离出来展开其影响因素的研究，发现整合审计模式下财务报表审计收费与公司规模、业务复杂度、应收账款占总资产比例、公司发生亏损、被出具非标准财务报表审计意见、事务所的声誉显著正相关，与国有产权性质显著负相关。本章的研究结论有助于深入了解整合审计模式下审计师对财务报表审计收费的定价策略，在扩展审计收费研究的同时也为整合审计施行提供经验证据。

第5章　整合审计模式下内部控制审计收费影响因素研究

内部控制审计是会计师事务所接受委托，对特定基准日被审计单位内部控制设计与运行的有效性所进行的审计。尽管内部控制审计面临着执行成本较高等争议，但在美国 SOX 法案的示范作用带动下，聘请外部审计师对公司内部控制进行审计并出具审计报告这一做法，逐渐被许多国家和地区所借鉴。2008 年和 2010 年，财政部等五部委分别发布《企业内部控制基本规范》和《企业内部控制配套指引》，要求上市公司针对内部控制有效性进行评价并披露自我评价报告，聘请会计师事务所对内部控制的有效性进行审计并出具审计报告，并区分不同情形分期分批实施。自此，我国上市公司逐步进入了内部控制审计的时代。

内部控制审计作为一项新兴的审计业务，引起了学术界的广泛重视。近年来，我国的内部控制审计处于逐步强制推行的进程之中，部分上市公司开始陆续在年报中公开披露内部控制审计报告。根据 DIB 内部控制与风险管理数据库①的统计，2011 ~2015 年 5 年中，沪深两市主板披露内部控制审计报告的公司总计 5248 家（2011 年 373 家，2012 年 947 家，2013 年 1093 家，2014 年 1390 家，2015 年 1445 家），其中，单独披露内部控制审计收费的公司已达 4053 家（2011 年 34 家，2012 年 692 家，2013 年 883 家，2014 年 1179 家，2015 年 1265 家）。

内部控制审计收费情况的公开对外披露，向资本市场传递了内部控制审计服务的价格信息，在增加披露透明度的同时，也为研究内部控制审计收费的影响因素提供了难得的机遇。而针对整合审计模式下内部控制审计收费的深入研究，可帮助资本市场信息使用者深度了解内部控制

① 资料来源：迪博内部控制与风险管理数据库（DIB）并经作者手工整理，网址：http：//www. dibdata. cn/。

审计服务的供需状况和发展态势，揭示上市公司内部控制审计定价的内在规律，有利于深度了解内部控制审计市场，亦有助于相关监管部门来洞察市场参与主体的行为选择，为制定科学的监管政策提供依据。本章以 2011 ~ 2015 年沪深主板分开披露财务报表审计收费与内部控制审计收费并执行整合审计的公司为研究样本，依据可以公开获得的数据，实证考察了整合审计模式下内部控制审计收费的影响因素，无疑具有重要的理论探索意义和实践参考价值。

5.1 理论分析与研究假设

内部控制审计收费是上市公司对事务所提供的内部控制审计服务支付的报酬，是两者多次讨价还价反复博弈最终达成的价格。内部控制审计收费与财务报表审计收费有相似之处，诸如均会受公司规模、业务复杂程度、审计师声誉等影响，但是两者又存在区别。内部控制审计收费主要是对事务所提供的内部控制审计业务支付的报酬，内部控制审计聚焦于上市公司内部控制设计运行情况，因此内部控制审计收费还包含内部控制业务自身的特点，诸如内部控制审计保证程度、内部控制强制审计、内部控制审计意见等。

内部控制审计需求，是内部控制审计产品的预期使用者，在特定时间内依据偏好以及支付能力，愿意且能够购买的内部控制审计服务的数量。上市公司即被审计单位是内部控制审计服务的显在需求方，需求方特征是影响审计服务需求的关键因素，需要着重考虑的特征包括公司的规模、业务的复杂程度、内部控制质量等。会计师事务所是内部控制审计服务产品的供给方，其自身的特征对内部控制审计服务的供给起着重要作用，需要着重考虑的特征包括会计师事务所的声誉、连续内部控制审计等。此外，内部控制审计不仅是服务产品，而且是准公共产品，其自身的经济特质是造就定价复杂性的原因所在。例如，内部控制服务的保证程度、内部控制审计意见、内部控制是否强制审计是内部控制审计服务产品的重要特性，会影响内部控制审计收费决策。

内部控制审计可以改善公司披露的财务信息质量，有利于合理配置资源，是经济社会中一项重要的制度安排，具备经济价值。内部控制审计需求仅是其经济价值产生的必要条件，经济价值的实现还有赖于提供内部控制审计服务的会计师事务所的特征，以及内部控制审计服务自身的特质。因此，上市公司特征、会计师事务所特征以及内部控制审计自身的特性是影响内部控制审计收费的共同决定因素。

1. 上市公司特征对内部控制审计收费的影响

既有的审计收费研究中，公司规模对审计收费的解释力度最高，公司规模是审计需求双方商讨财务报表审计收费的重要影响因素，同理，亦是内部控制审计收费的重要影响因素。公司规模越大，运营过程中涉及的经营活动较为繁杂事项众多，纷繁复杂的经营活动与事项的背后有相应的内部控制机制作为支撑，因此其配套的内部控制的设计及运行亦是复杂多样，内部控制审计过程中需要执行的内部控制测试程序越多。在内部控制审计实务中，会计师事务所依据公司的经营规模来评价项目的重要程度，制定时间预算，合理确定收费基准，并根据公司的规模来安排内部控制审计测试的范围。因此，审计师的内部控制审计范围较大，错综复杂且庞大的内部控制体系无疑增加了审计风险，审计师需要耗费大量的审计工时搜集充分适当的审计证据使得审计风险降至可接受的低水平，审计师付出额外的审计努力，因而需要收取高额的内部控制审计收费作为补偿。与此同时，规模大的公司一般有着较高的经营风险，在审计高经营风险的公司时事务所会投入较多的审计资源，以期合理保证被审计单位的内部控制不存在重大缺陷。对于会计师事务所无法消除的风险，只有通过向高风险的客户收取高额审计溢价作为补偿。因此，提出以下假设：

H1a：内部控制审计收费与公司规模正相关。

当公司拥有大量的子公司且业务多元化时，公司需要耗费大量的成本来构建公司及将其纳入合并报表的子公司内部控制系统，确保内部控制能发挥其应有的监督及治理作用。内部控制审计服务的难度源于被审计单位的业务和组织的复杂性。公司业务复杂度越高，其背后的内部控制机制越复杂，内部控制审计范围尤为广泛，审计师需要对关键的内部控制点进行了解评估其风险，需要搜集大量的审计证据来证实关键内部控制点是否存在重大缺陷，是否能有效发挥其作用。经营繁复程度越高，业务流程以及内部控制系统越复杂多样，审计难度越大，事务所需要派出更多具备更高执业能力的专业人员，因此人工成本更高，审计成本的增加导致内部控制审计收费增加。举例而言，纳入合并报表的子公司数量是集中体现业务复杂程度的因素之一，纳入合并报表的子公司的数量越多，越可能发生“灰色”关联交易，合并与抵消集团交易工作量越多，对固有风险的评价越高，需要搜集较多的审计证据。会计师事务所需要耗费大量的审计资源，直接导致高额的审计收费。因此，提出以下假设：

H1b：内部控制审计收费与公司业务复杂程度正相关。

审计师在制定内部控制审计计划时，需要对内部控制进行了解评估和测试，依据控制测试的结果决定需要搜集的审计证据的数量和质量，整合配置审计资源。公司的内部控制质量越高，审计证据的可靠性程度越高，外部审计耗费的审计成本与承担的审计风险越小。通常来讲内部控制建设较为健全及有效的公司其存在缺陷的可能性就会降低，在一定程度上降低会计师事务所的执业风险，由此会降低执行业务的审计师的工作量，从而收取较低的审计报酬。与之相对应，当内部控制质量较低时，会增加内部控制审计风险。会计师事务所需要花费额外的审计投入，诸如，采取扩大控制测试范围、增加审计程序、与客户管理层沟通等措施，增加审计努力程度。总体而言，公司较低的内部控制质量一定程度上暗含着较高的整体风险，故而审计师也将面临高审计风险与诉讼风险，需要收取审计风险溢价。因此，提出以下假设：

H1c：内部控制审计收费与内部控制质量负相关。

2. 事务所特征对内部控制审计收费的影响

既有研究一般按照事务所的规模或声誉将其划分为四大与非四大。西穆尼奇（1980）对事务所的规模与审计收费之间的关系提出了三个假设：①垄断势力假设。大规模的会计师事务所拥有高的市场份额或是垄断势力，为获取高于平均水平的垄断利润，可以依据对市场的影响力制定高的审计收费。②异质产品假设。既有研究中往往将事务所的声誉视为审计质量的替代变量，四大提供的审计服务总体水平显著高于非四大，因此，声誉高的事务所的收费溢价涵盖了更高的审计质量。③规模经济假设。差异化服务的市场中，声誉高的会计师事务所在人力资源、客户资源以及行业专长等方面具备规模经济，大所审计收费可能较低。

国内审计市场竞争激烈，审计市场中国际四大与本土所并存。国际四大作为“百年老店”在漫长的审计实务中培育了优质的品牌声誉，能提供较为优质的审计服务。审计师声誉具有信号传递效应，上市公司选择国际四大的审计师进行内部控制审计向市场传达优质信号，经四大审计后的内部控制更易获得投资者的信任，上市公司倾向于向国际四大的审计师支付高额的内部控制审计费用。国际四大具备较强的职业素养、高水平的专业能力，声誉机制是促使其提高审计质量的推动力。依据“深口袋”理论，外部审计人员是上市公司披露信息的“保险人”，选择高声誉的会计师事务所可以帮助公司降低甚至转嫁风险。内部控制审计报告的使用者将事务所的声誉作为内部控制审计质量的一个重要的指示器，有声誉优势的事务所能为其审计服务提供担保，有提供高质量审计服务的动力，为维持其良好的声誉，可能向被审计单位收取审计溢价。声誉高的审计师一旦因提供低质量的审计服务而遭受诉讼惩罚，将会为其带来意想不到的巨大声誉损失与经济损失。因此国际四大的审计师为维持其良好的品牌声誉会持续提供较为优质的内部控制审计服务，收取较高的内部控制审计收费。因此，提出以下假设：

H2a：内部控制审计收费与事务所声誉正相关。

内部控制审计业务属于公司与会计师事务所之间的契约行为，双方需要在审计业务开展前签订正式契约。审计双方长期的合作使双方在审计过程中形成了默契和好感，会计师事务所为了维持良好的客户关系、获得稳定的收入、保持市场份额，一般将审计收费控制在既定区间。德安杰洛（1981）的研究证实审计市场中存在低价揽业现象，审计师在首次接受客户审计业务时的审计收费低于耗费的审计成本，以此获取与客户未来的长期合作获得未来的准租金。对于上市公司而言聘任新的审计师需要花费大量的交易成本（搜寻成本、谈判成本等），同理对于审计师而言获取新的客户同样存在交易成本。如果频繁发生审计师变更，审计服务供需双方需要耗费大量的交易成本。在内部控制审计市场中低价揽业行为亦是成立的，如果审计师首次接受上市公司的内部控制审计，为获取未来长期合作机会以赚取经济租金，首次收费会偏低。会计师事务所在与客户首次合作时，存在较高的交易费用以及契约成本，依据经济学中的学习曲线理论，会计师事务所任期越长，随着时间的推移，越熟悉公司的岗位设置、经营状况、交易流程及内部控制系统等，能更好地识别和应对审计风险。由于审计本身所具备的这种学习效应，花费的审计时间将伴随着连续审计年限的增加而减少，进而降低审计收费。因此，提出以下假设：

H2b：内部控制审计收费与事务所连续提供内部控制审计负相关。

3. 内部控制业务特征影响内部控制审计收费

会计师事务所为客户提供的内部控制保证服务尽管泛称为内部控制审计，但是现实中有极少数业务从严格意义上讲，并不属于提供合理保证的内部控制审计，而只是提供有限保证的内部控制审核业务，抑或是为公司提供较为含糊的内部控制鉴证业务。综上所述，内部控制审核属于有限保证（低程度保证），审计师所执行的程序较少，且以消极的方式提出结论，相应地，审计师所需承担的执业责任也较为有限。内部控制审计属于合理保证（高程度保证），审计师所执行的程序较为充分，且以积极的方式提出结论，相应地，审计师所需承担的执业责任也更大。内部控制鉴证事实上也可以根据所执行的程序及提出结论的方式来进行分类，归入审核和审计之中。总体而言，会计师事务所提供的保证程度越高，所需耗费的审计成本越高，所需承担的执业责任越大，因此所要求的审计收费也会越高。

从客户的角度看，会计师事务所针对其内部控制所出具的报告的保证程度不同，意味着对其财务报表使用者所传递的可信赖程度存在差别。针对更加积极的保证，被审计单位也会愿意支付更高的报酬。因此，从供需双方的角度来看，事务所提供的内部控制审计服务的保证程度越高其收取的内部控制审计收费亦越高。据此提出以下假设：

H3a：内部控制审计收费与会计师事务所提供的内部控制服务的保证程度正相关。

基于理性经济人假设，上市公司聘请外部审计师对其财务报表进行审计的重要动机是获取经审计师签发审计意见的审计报告的经济增加值。与之类似，公司聘任外部独立审计师执行内部控制审计的内在经济动因亦是为了获取内部控制审计报告的经济增加值。如果审计师对上市公司的内部控制签发标准无保留审计意见，表明公司的内部控制整体是有效的不存在重大内部控制缺陷，若是签发非标准审计意见则表明公司的内部控制存在重要或是重大缺陷。审计师需要付出额外的审计努力，执行详尽的内部控制审计程序，耗费大量的审计工时，进而增加审计成本收取高额内部控制审计收费。因此，提出假设：

H3b：内部控制审计收费与非标准内部控制审计意见正相关。

公司自愿聘请审计师为其提供内部控制审计服务的重要内在动机是为降低代理成本并向市场传递信息。内部控制建设情况良好的上市公司的管理当局更有动机将高品质的信息传向资本市场，并聘请会计师事务所对其进行审计以增强公司对外公开披露的信息的可信度来影响信息使用者。通常而言自愿聘请审计师来施行内部控制审计的上市公司会主动配合审计师的工作，提交内部控制审计的相关资料，及时沟通审计过程中发现的问题，节约事务所审计资源的投入，降低内部控制审计收费。

企业内部控制基本规范中规定主板上市公司应分类分批推进内部控制规范体系，具体实施如下：①境内外同时上市的公司，在披露2011年公司年报的同时披露内部控制审计报告。②中央和地方国有控股上市公司，在披露2012年公司年报的同时披露内部控制审计报告。③非国有控股主板上市公司，且在2011年12月31日公司总市值（证监会算法）达到50亿元以上，并且2009～2011年平均净利润在3000万元以上的，应在披露2013年公司年报的同时，披露内部控制审计报告。符合上述条件的公司执行法定强制性内部控制审计。

与之相对应，事务所为被列为相关规范与指引中强制执行内部控制审计的公司提供审计服务时，通常会扩大审计范围以期来提高内部控制审计的保证程度，审计程序中需要搜集的证据越多，与此同时对其出具的内部控制审计报告承担更高的法律责任。强制性内部控制审计背景下会计师事务所的审计成本、审计风险、法律责任都将随之增加，会促使其增加审计资源投入，进而提高内部控制审计收费。因此，提出假设：

H3c：内部控制审计收费与强制性内部控制审计正相关。

5.2 研究设计

5.2.1 样本选取与数据来源

我国目前的法律法规尚未对内部控制审计收费的具体披露内容做出

明确规定，因此内部控制审计收费的披露情况不甚理想，公开披露的内容较为混乱，不够规范。本章选取 2011 ~2015 年沪深两市主板单独披露内部控制审计收费并执行整合审计的上市公司为研究样本，并做以下筛选：①剔除 ST 和 * ST 公司，因其面临退市的危机，数据可能影响研究的稳健性。②剔除金融类上市公司，因其行业特征较为特殊。③剔除数据缺失公司。内部控制审计收费数据、保证程度等数据来自 DIB 内部控制与风险管理数据库，财务数据来自 WIND 和 CSMAR 数据库，连续内部控制审计等数据通过手工搜索上市公司的年报后期进行数据整理获得。对于连续变量，在回归分析时按 1% 进行缩尾处理。样本数据来源及行业分布具体见表 5 -1、表 5 -2 及表 5 -3。

表 5 -1　2011 ~2015 年沪深主板披露内部控制审计收费上市公司数量

单位：家

市场及总计	2011 年	2012 年	2013 年	2014 年	2015 年	总计
沪市	18	505	661	888	953	3025
其中：金融和 ST 公司	3	33	35	42	55	168
其他变量缺失	0	15	4	28	45	92
深市	16	187	222	291	312	1028
其中：金融和 ST 公司	2	15	15	11	17	60
其他变量缺失	0	6	1	5	8	20
总计（样本公司数量）	29	623	828	1093	1140	3713

表 5 -2　样本数量

单位：家

市场及总计	2011 年	2012 年	2013 年	2014 年	2015 年	总计
沪市	15	457	622	818	853	2765
其中：单独审计	1	13	17	21	23	75
深市	14	166	206	275	287	948
其中：单独审计	2	5	6	7	5	25
总计（样本公司数量）	26	605	805	1065	1112	3613

表5-3　　样本公司行业分布情况　　单位：个

行业名称	样本个数	行业名称	样本个数
农、林、牧、渔业	40	通用设备制造业	92
采矿业	160	专用设备制造业	120
农副食品加工业	36	汽车制造业	129
食品制造业	43	铁路、船舶、航空航天和其他运输设备制造业	71
酒、饮料和精制茶制造业	81	电气机械和器材制造业	137
纺织业	61	计算机、通信和其他电子设备制造业	205
纺织服装、服饰业	21	仪器仪表制造业	11
皮革、毛皮、羽毛及其制品和制鞋业	7	其他制造业	9
木材加工和木、竹、藤、棕、草制品业	10	电力、热力、燃气及水生产和供应业	234
家具制造业	5	建筑业	112
造纸和纸制品业	48	批发和零售业	332
印刷和记录媒介复制业	7	交通运输、仓储和邮政业	247
石油加工、炼焦和核燃料加工业	40	住宿和餐饮业	25
化学原料和化学制品制造业	187	信息传输、软件和信息技术服务业	94
医药制造业	204	房地产业	310
化学纤维制造业	31	租赁和商务服务业	28
橡胶和塑料制品业	41	科学研究和技术服务业	5
非金属矿物制品业	106	水利、环境和公共设施管理业	33
黑色金属冶炼和压延加工业	81	教育	4
有色金属冶炼和压延加工业	68	文化、体育和娱乐业	52
金属制品业	28	综合	58

表5－1列示2011～2015年沪深主板披露内部控制审计收费的上市公司数量，共计3713家。但是由于本章主要探讨整合审计模式下内部控制审计收费影响因素，所以在表5－1的基础上从中剔除执行非整合审计（单独审计）上市公司，样本数量具体见表5－2。

综合考虑表5－1与表5－2，2011～2015年沪深主板最终进入研究样本的上市公司共计3613家。其中，2011年沪市主板披露内部控制审计收费的公司有18家（其中金融和ST公司3家，单独审计即非整合审计公司1家），深市主板披露内部控制审计收费的公司有16家（其中金融和ST公司2家，单独审计即非整合审计公司2家），因此2011年可用样本26家。2012年沪市主板披露内部控制审计收费的公司有505家（其中金融和ST公司33家，其他变量缺失公司15家，单独审计即非整合审计公司13家），深市主板披露内部控制审计收费的公司有187家（其中金融和ST公司15家，其他变量缺失公司6家，单独审计即非整合审计公司5家），因此2012年可用样本605家。2013年沪市主板披露内部控制审计收费的公司有661家（其中金融和ST公司35家，其他变量缺失公司4家，单独审计即非整合审计公司17家），深市主板披露内部控制审计收费的公司有222家（其中金融和ST公司15家，其他变量缺失公司1家，单独审计即非整合审计公司6家），因此2013年可用样本805家。2014年沪市主板披露内部控制审计收费的公司有888家（其中金融和ST公司42家，其他变量缺失公司28家，单独审计即非整合审计公司21家），深市主板披露内部控制审计收费的公司有291家（其中金融和ST公司11家，其他变量缺失公司5家，单独审计即非整合审计公司7家），因此2014年可用样本1065家。2015年沪市主板披露内部控制审计收费的公司有953家（其中金融和ST公司55家，其他变量缺失公司45家，单独审计即非整合审计公司23家），深市主板披露内部控制审计收费的公司有312家（其中金融和ST公司17家，其他变量缺失公司8家，单独审计即非整合审计公司5家），因此2015年可用样本1112家。

表5－3列示纳入整合审计模式下内部控制审计收费影响因素回归模型的样本行业分布情况，其中制造业按二级代码分类列示。通过表5－3清晰可见，样本公司数量前十名分别为批发和零售业，房地产业，交通运输、仓储和邮政业，电力、热力、燃气及水生产和供应业，医药制造

业，计算机、通信和其他电子设备制造业，化学原料和化学制品制造业，采矿业，电气机械和器材制造业，汽车制造业。

5.2.2　变量定义

本章的被解释变量、解释变量及控制变量详见表 5－4。

表 5－4　　变量说明

变量类别	变量符号	变量名称	变量含义	预期符号
被解释变量	ICAF	内部控制审计收费	公司年报中披露的内部控制审计收费金额的自然对数	
解释变量	Size	公司规模	公司总资产的自然对数	+
	Comp	公司业务复杂程度	纳入公司合并报表的子公司的平方根	+
	ICQ	内部控制质量	DIB 内部控制指数 +1 取自然对数	－
	Big4	事务所声誉	内部控制审计的事务所为国际四大取值为 1，否则为 0	+
	CONT	内部控制连续审计	公司的内部控制连续审计取值为 1，否则为 0	－
	AL	保证程度	公司披露内部控制审计报告取值为 1，鉴证报告或是审核报告取值为 0	+
	ICAO	内部控制审计意见	审计师出具内部控制审计意见，非标准审计意见取值为 1；标准审计意见取值为 0	+
	CICA	强制审计	内部控制强制审计取值为 1；自愿审计取值为 0	+

续表

变量类别	变量符号	变量名称	变量含义	预期符号
控制变量	SOE	产权性质	公司实际控制人为国有股取值为1，否则取值为0	+/
	Listyear	上市年限	公司的上市年限	+/
	ROA	资产收益率	公司的净利润除以总资产平均余额	+/-
	Lev	资产负债率	公司的期末负债总额除以期末资产总额	+/-
	Locat	公司所在地区	按照公司总部所在地划分为3个地区：东部地区；中部地区；西部地区	+/-
	Year	年份	虚拟变量	+/-
	Ind	行业	虚拟变量	+/-

5.2.3 模型构建

基于上文的理论分析及假设，构建模型（5-1），采用 OLS 回归方法，实证检验内部控制审计收费的影响因素。

$$
\begin{aligned}
ICAF = {} & \beta_0 + \beta_1 Size + \beta_2 Comp + \beta_3 ICQ + \beta_4 Big4 + \beta_5 CONT \\
& + \beta_6 AL + \beta_7 ICAO + \beta_8 CICA + \beta_9 SOE + \beta_{10} Listyear \\
& + \beta_{11} ROA + \beta_{12} Lev + \beta_{13} Locat + \beta_i Year + \beta_j Ind + \xi
\end{aligned} \tag{5-1}
$$

5.3 实证分析

本部分包含内部控制审计收费影响因素变量的描述性统计分析结果，变量相关性分析结果，模型实证回归结果以及稳健性检验结果，分别见表5-5、表5-6、表5-7、表5-8、表5-9、表5-10。

5.3.1　描述性统计分析

变量的描述性统计见表5-5。

表5-5　　变量的描述性统计

变量	平均值	标准差	最小值	25%分位	中位数	75%分位	最大值
ICAF	12.707	0.617	11.513	12.206	12.612	13.082	14.736
Size	22.638	1.328	19.549	21.767	22.525	23.438	26.472
Comp	4.260	2.038	1.000	2.828	3.873	5.292	11.576
ICQ	6.251	1.199	0.000	6.411	6.499	6.561	6.769
CONT	0.160	0.367	0.000	0.000	0.000	0.000	1.000
Big4	0.092	0.289	0.000	0.000	0.000	0.000	1.000
AL	0.997	0.058	0.000	1.000	1.000	1.000	1.000
ICAO	0.043	0.202	0.000	0.000	0.000	0.000	1.000
CICA	0.977	0.151	0.000	1.000	1.000	1.000	1.000
SOE	0.731	0.444	0.000	0.000	1.000	1.000	1.000
Listyear	15.032	5.039	1.000	12.000	16.000	18.000	23.000
ROA	0.188	0.245	-0.116	0.034	0.068	0.288	0.862
Lev	0.520	0.201	0.092	0.372	0.526	0.675	0.931

表5-5列示了各变量的描述性统计情况：①内部控制审计收费自然对数的最小值为11.513，最大值为14.736，均值和标准差分别为12.707和0.617，样本公司的内部控制审计收费的波动性不大。②公司规模的波动范围从19.549到26.472，标准差为1.328，样本公司的规模差异较大。③公司的业务复杂程度，即纳入合并报表的子公司的数目的平方根的波动从1到11.576，公司的业务复杂程度差异较大。④样本公司内部控制质量自然对数最小值为0.000，最大值为6.769，但是25分位数值为6.411，均值为6.251，中位数为6.499，

75 分位数为 6.561，表明样本公司的内部控制质量较好。⑤将近 16% 的上市公司进行内部控制连续审计，总体来看内部控制审计属于短期契约，表明内部控制审计作为新兴的审计业务，签订的合约较短不甚稳定。⑥内部控制审计的会计师事务所中国际四大所占均值比例为 9.2%，这表明内部控制审计市场较为均衡，并未形成四大的垄断独占局面，也未出现对洋品牌的趋之若鹜以及对本土所的不信任，表明国内事务所提供的审计服务质量逐步提高，受到上市公司的广泛认可。⑦内部控制服务的保证程度的均值高达 99.7%，绝大多数公司接受高保证程度的内部控制审计，只有不足 1% 的公司接受内部控制鉴证或是内部控制审核。⑧仅有 4.3% 的样本公司被出具非标准内部控制审计意见，初步表明上市公司的内部控制建设及执行较为可靠，得到事务所信任。⑨将近 97.7% 的样本公司是强制执行内部控制审计，初步表明我国上市公司内部控制审计逐步由自愿性审计过渡到强制性审计阶段，内部控制审计成为上市公司的法定审计业务。⑩公司的所有权性质中，国有产权所占均值比例约 73.1%，样本公司中大多数为国有控股公司。⑪样本公司平均上市年限为 15 年，总体而言，样本公司的上市年限较长，内部控制的建设及执行期间也较长。

5.3.2 相关性分析

表 5-6 列示了内部控制审计收费影响因素变量的描述性统计。公司规模、公司业务复杂程度、事务所声誉、保证程度、非标准内部控制审计意见、强制内部控制审计与内部控制审计收费的相关系数显著正相关，分别与前文提出的假设 H1a、假设 H1b、假设 H2a、假设 H3a、假设 H3b 相对应。内部控制质量、连续内部控制审计与内部控制审计收费的相关系数显著负相关，分别与前文提出的假设 H1c、假设 H2b 相对应。解释变量的相关性水平整体较低，内部控制审计收费影响因素模型不存在严重的多重共线性。

表 5-6　变量相关性分析

	ICAF	SIZE	Comp	Listyear	SOE	ICQ	CONT	Big4	AL	ICAO	CICA	ROA	LEV
ICAF		0. 623 ***	0. 493 ***	-0. 055 ***	0. 069 ***	-0. 209 ***	0. 054 ***	0. 345 ***	0. 050 ***	0. 046 ***	0. 047 ***	0. 022	0. 232 ***
		0. 000	0. 000	0. 001	0. 000	0. 000	0. 001	0. 000	0. 002	0. 005	0. 004	0. 186	0. 000
Size	0. 669 ***		0. 551 ***	-0. 176 ***	0. 157 ***	0. 120 ***	0. 001	0. 379 ***	0. 033 **	-0. 084 ***	0. 039 **	0. 049 ***	0. 384 ***
	0. 000		0. 000	0. 000	0. 000	0. 000	0. 106	0. 000	0. 045	0. 000	0. 019	0. 003	0. 000
Comp	0. 497 ***	0. 535 ***		-0. 029 *	0. 041 **	0. 109 ***	0. 001 *	0. 170 ***	0. 031 *	-0. 064 ***	-0. 005	0. 058 ***	0. 216 ***
	0. 000	0. 000		0. 077	0. 014	0. 000	0. 099	0. 000	0. 058	0. 000	0. 751	0. 000	0. 000
Listyear	-0. 106 ***	-0. 126 ***	0. 019		0. 043 ***	-0. 074 ***	-0. 043 ***	-0. 086 ***	-0. 039 **	0. 021	0. 025	0. 003	0. 051 ***
	0. 000	0. 000	0. 257		0. 009	0. 000	0. 010	0. 000	0. 017	0. 200	0. 124	0. 835	0. 002
SOE	0. 097 ***	0. 127 ***	0. 051 ***	0. 004		0. 097 ***	0. 148 ***	0. 068 ***	0. 040 **	-0. 063 ***	0. 181 ***	-0. 057 ***	0. 089 ***
	0. 000	0. 000	0. 002	0. 829		0. 000	0. 000	0. 000	0. 014	0. 000	0. 000	0. 001	0. 000
ICQ	-0. 061 ***	0. 310 ***	0. 250 ***	-0. 042 **	0. 033 **		0. 054 ***	0. 053 ***	0. 015	-0. 455 ***	-0. 025	0. 107 ***	-0. 032 **
	0. 000	0. 000	0. 000	0. 013	0. 049		0. 001	0. 002	0. 352	0. 000	0. 126	0. 000	0. 056
CONT	0. 065 ***	0. 182 ***	0. 110 ***	-0. 019	0. 148 ***	0. 030 *		0. 031 *	-0. 001	-0. 038 **	0. 034 **	0. 088 ***	0. 017
	0. 000	0. 000	0. 000	0. 257	0. 000	0. 071		0. 064	0. 950	0. 019	0. 037	0. 000	0. 314
Big4	0. 424 ***	0. 330 ***	0. 157 ***	-0. 112 ***	0. 068 ***	0. 218 ***	0. 031 *		0. 002	-0. 040 **	0. 025	0. 034 **	0. 036 **
	0. 000	0. 000	0. 000	0. 000	0. 000	0. 000	0. 064		0. 921	0. 015	0. 129	0. 044	0. 031

续表

	ICAF	SIZE	Comp	Listyear	SOE	ICQ	CONT	Big4	AL	ICAO	CICA	ROA	LEV
AL	0. 039 **	0. 035 **	0. 037 **	-0. 041 **	0. 040 **	0. 015	-0. 001	0. 002		-0. 011	0. 085 ***	-0. 005	-0. 004
	0. 018	0. 034	0. 025	0. 012	0. 014	0. 359	0. 950	0. 921		0. 492	0. 000	0. 769	0. 804
ICAO	0. 036 **	-0. 053 ***	-0. 071 ***	0. 018	-0. 063 ***	-0. 251 ***	-0. 038 **	-0. 040 **	-0. 011		0. 007	0. 018	0. 053 ***
	0. 028	0. 001	0. 000	0. 285	0. 000	0. 000	0. 019	0. 015	0. 492		0. 674	0. 263	0. 001
CICA	0. 030 *	0. 027 *	-0. 012	0. 029 *	0. 181 ***	-0. 058 ***	0. 034 **	0. 025	0. 085 ***	0. 007		0. 077 ***	-0. 011
	0. 064	0. 100	0. 453	0. 078	0. 000	0. 000	0. 037	0. 129	0. 000	0. 674		0. 000	0. 522
ROA	0. 036 **	0. 059 ***	0. 047 ***	0. 036 **	-0. 036 **	-0. 023	0. 001 **	0. 004	0. 001	-0. 018	0. 041 **		-0. 048 ***
	0. 032	0. 000	0. 005	0. 029	0. 029	0. 173	0. 014	0. 797	0. 955	0. 262	0. 012		0. 004
Lev	0. 220 ***	0. 338 ***	0. 197 ***	0. 086 ***	0. 089 ***	-0. 146 ***	0. 395 **	0. 036 **	-0. 002	0. 053 ***	-0. 012	0. 197 ***	
	0. 000	0. 000	0. 000	0. 000	0. 000	0. 000	-0. 016	0. 032	0. 892	0. 001	0. 459	0. 000	

注：右上角为 Pearson 相关系数；左下角为 Spearman 相关系数。*** 表示在 1% 的水平上显著；** 表示在 5% 的水平上显著；* 表示在 10% 的水平上显著。

5.3.3　实证结果分析

采用全部回归法与逐步回归法分别列示回归结果，具体见表5－7与表5－8。

表5－7　　模型回归结果（全部回归法）

变量	回归系数	T值	P值	VIF值
Size	0.229***	27.964	0.000	2.44
Comp	0.065***	14.304	0.000	1.76
ICQ	－0.011*	－1.696	0.090	1.35
CONT	－0.096***	－4.800	0.000	1.11
Big4	0.443***	16.342	0.000	1.27
AL	0.188	1.536	0.125	1.03
ICAO	－0.005	－0.124	0.901	1.28
CICA	0.079	1.609	0.108	1.14
SOE	－0.005	－0.273	0.785	1.32
Listyear	0.002	1.607	0.108	1.24
ROA	－0.113*	－1.793	0.073	4.93
Lev	0.090**	1.986	0.047	1.71
Locat	YES			
Year	YES			
Ind	YES			
Intercept	6.918***	29.771	0.000	
Adjusted R^2	0.540			
F值	72.886			
N	3613			

注：*** 表示在1%的水平上显著相关；** 表示在5%的水平上显著相关；* 表示在10%的水平上显著相关。

表5－7采用逐步回归法列示全变量的实证回归结果，从解释变量

的回归结果来看有如下特征。

1. 上市公司特征

（1）公司规模的回归系数为 0.229，在 1% 的水平上显著正相关，与假设 H1a 的预期相一致，也印证了既有的研究，上市公司的资产规模显著影响内部控制审计收费。大规模上市公司的纷繁复杂的岗位设置与交叉纵横的内部控制体系，以及潜在的高经营风险需要事务所投入更多的审计资源，收取较高的审计溢价。

（2）公司业务复杂性的回归系数为 0.065，在 1% 的水平上显著正相关，与假设 H1b 的预期相一致，被审计单位的业务和组织的复杂性加大了内部控制审计的难度，高难度的审计业务需要匹配更高执业能力的审计人员，直接增加审计师人力资源的投入，因此收取较高的内部控制审计收费来补偿投入的成本。

（3）内部控制质量的回归系数为 -0.011，在 10% 的水平上显著负相关，与假设 H1c 的预期相一致。在审计实务中事务所一般基于公司内部控制质量来配置审计资源，相对而言，内部控制建设完善和有效的公司由此担负的审计风险也较小，外部审计耗费的审计资源较少，故而投入的审计成本也较低，直接降低审计工时，内部控制审计收费较低。

2. 会计师事务所特征

（1）会计师事务所的声誉的回归系数为 0.443，在 1% 的水平上显著正相关，与假设 H2a 的预期相一致。事务所的声誉越高，收取的内部控制审计服务溢价越高，说明内部控制审计服务的供给方具有较强的市场影响力与议价能力，能显著地影响内部控制审计定价。

（2）公司的连续内部控制审计的回归系数为 -0.096，在 1% 的水平上显著负相关，与假设 H2b 的预期相一致，历经连续多年的内部控制审计的公司的内部控制的有效性是经过实践考验的，值得审计师信任，审计师对公司的内部控制越了解，学习效应越高，证实了审计契约连续性与稳定性将优化配置审计契约缔结各方利益的分配，节约审计资源，从而会降低审计收费。

上文描述性统计部分发现：内部控制服务的保证程度的均值高达 99.7%，绝大多数公司接受高保证程度的内部控制审计，只有不足 1%

的公司接受内部控制鉴证或是内部控制审核。将近97.7%的样本公司是依据相关规范与指引的要求而强制实施内部控制审计，可在一定程度表明国内公司内部控制审计逐步由自愿性审计过渡到强制性审计阶段。上述解释变量描述性统计初步表明内部控制服务的保证程度、强制内部控制审计变量的分布较为集中，可能对回归结果产生干扰影响，因此，剔除上述变量后采用逐步回归法进行回归，回归结果见表5－8。

表5－8　　　　模型回归结果（逐步回归法）

变量	回归系数	T值	P值	VIF值
Size	0.229***	27.963	0.000	2.44
Comp	0.065***	14.352	0.000	1.76
ICQ	－0.011*	－1.690	0.091	1.35
CONT	－0.096***	－4.831	0.000	1.11
Big4	0.444***	16.367	0.000	1.26
ICAO	－0.005	－0.118	0.906	1.28
SOE	0.003	0.151	0.880	1.25
Listyear	0.002	1.538	0.124	1.24
ROA	－0.114*	－1.802	0.072	4.93
Lev	0.088*	1.935	0.053	1.71
Locat	YES			
Year	YES			
Ind	YES			
Intercept	7.171***	36.215	0.000	
Adjusted R^2	0.540			
F值	75.276			
N	3613			

注：***表示在1%的水平上显著相关；**表示在5%的水平上显著相关；*表示在10%的水平上显著相关。

表5－8为剔除部分变量后的回归结果，公司规模的回归系数为0.229，在1%的水平上显著正相关，与假设H1a的预期相一致；公司业务复杂性的回归系数为0.065，在1%的水平上显著正相关，与假设

H1b 的预期相一致；内部控制质量的回归系数为 -0.011，在 10% 的水平上显著负相关，与假设 H1c 的预期相一致；会计师事务所的声誉的回归系数为 0.444，在 1% 的水平上显著正相关，与假设 H2a 的预期相一致；公司的连续内部控制审计的回归系数为 -0.096，在 1% 的水平上显著负相关，与假设 H2b 的预期相一致。VIF 最高为 4.93 远低于 10，模型不存在严重的多重共线性。调整 R^2 为 54.0%，模型整体解释力度较高。

5.4 稳健性检验

为避免异方差与序列自相关的影响，采用公司层面聚类的稳健标准误进行稳健性检验，回归结果见表 5-9。

表 5-9　　全部回归法稳健性检验回归结果（一）

变量	回归系数	T 值	P 值	VIF 值
Size	0.229***	26.507	0.000	2.44
Comp	0.065***	12.897	0.000	1.76
ICQ	-0.011*	-1.652	0.099	1.35
CONT	-0.096***	-4.599	0.000	1.11
Big4	0.443***	13.722	0.000	1.27
AL	0.188	1.334	0.182	1.03
ICAO	-0.005	-0.119	0.905	1.28
CICA	0.079	1.438	0.151	1.14
SOE	-0.005	-0.273	0.785	1.32
Listyear	0.002	1.609	0.108	1.24
ROA	-0.113*	-1.788	0.074	4.93
Lev	0.090**	1.969	0.049	1.71
Locat	YES			
Year	YES			
Ind	YES			

续表

变量	回归系数	T值	P值	VIF值
Intercept	6.918 ***	26.091	0.000	
Adjusted R^2	0.540			
F值	72.886			
N	3613			

注：*** 表示在1%的水平上显著相关；** 表示在5%的水平上显著相关；* 表示在10%的水平上显著相关。

为进一步验证结论的稳健性，将内部控制审计收费分年度分行业取均值，大于均值取值为1，否则为0。亦将内部控制指数取均值，大于均值取值为1，否则为0。采用Logit回归，全部回归法稳健性检验结果见表5-10，研究结论较为稳健。

表5-10　　全部回归法稳健性检验回归结果（二）

变量	回归系数	Z值	P值
Size	0.976 ***	17.612	0.000
Comp	0.254 ***	8.434	0.000
ICQ	-0.287 *	-1.716	0.086
CONT	-0.508 ***	-4.285	0.000
Big4	1.379 ***	6.282	0.000
AL	0.507	0.707	0.480
ICAO	-0.148	-0.652	0.514
CICA	-0.063	0.228	0.820
SOE	-0.115	-1.153	0.249
Listyear	0.005	0.589	0.556
ROA	0.151	0.859	0.390
Lev	0.271	1.089	0.276
Locat	YES		
Year	YES		
Ind	YES		

续表

变量	回归系数	Z 值	P 值
Intercept	-21.804 ***	-15.491	0.000
Pseudo R^2	0.256		

注：*** 表示在 1% 的水平上显著相关；** 表示在 5% 的水平上显著相关；* 表示在 10% 的水平上显著相关。

表 5－11 列示逐步回归法稳健性检验回归结果，验证了前文的部分假设与回归结果，表明研究结论较为稳健。

表 5－11　　　　逐步回归法稳健性检验回归结果（一）

变量	回归系数	T 值	P 值	VIF 值
Size	0.229 ***	26.535	0.000	2.44
Comp	0.065 ***	12.942	0.000	1.76
ICQ	-0.011 *	-1.647	0.099	1.35
CONT	-0.096 ***	-4.617	0.000	1.11
Big4	0.444 ***	13.738	0.000	1.26
ICAO	-0.005	-0.112	0.910	1.28
SOE	0.003	0.150	0.881	1.25
Listyear	0.002	1.541	0.123	1.24
ROA	-0.114 *	-1.796	0.073	4.93
Lev	0.088 *	1.920	0.055	1.71
Locat	YES			
Year	YES			
Ind	YES			
Intercept	7.171 ***	33.532	0.000	
Adjusted R^2	0.540			
F 值	75.276			
N	3613			

注：*** 表示在 1% 的水平上显著相关；** 表示在 5% 的水平上显著相关；* 表示在 10% 的水平上显著相关。

采用上文全部回归法的稳健性检验（二）的方法，采用Logit回归，逐步回归法稳健性检验结果见表5-12，研究结论较为稳健。

表5-12 逐步回归法稳健性检验回归结果（二）

变量	回归系数	Z值	P值
Size	0.976***	17.617	0.000
Comp	0.255***	8.469	0.000
ICQ	-0.284*	-1.696	0.090
CONT	-0.509***	-4.297	0.000
Big4	1.378***	6.278	0.000
ICAO	-0.150	-0.660	0.509
SOE	-0.116	-1.179	0.238
Listyear	0.005	0.549	0.583
ROA	0.147	0.837	0.403
Lev	0.272	1.093	0.275
Locat	YES		
Year	YES		
Ind	YES		
Intercept	-21.348***	-17.862	0.000
Pseudo R^2	0.256		

注：*** 表示在1%的水平上显著相关；** 表示在5%的水平上显著相关；* 表示在10%的水平上显著相关。

5.5 本章小结

长期以来，上市公司内部控制审计收费的过程和机理并不为外界所知。伴随着内部控制审计的相关规范与指引的实施，部分上市公司开始在年报中披露内部控制审计收费，这为探究资本市场内部控制审计收费影响因素提供了不可多得的契机。本章以2011~2015年沪深两市分开披露财务报表审计收费与内部控制审计收费并执行整合审计的上市公司为研究样本，基于上市公司特征、会计师事务所特征以及内部控制审计业务自身特征这三个研究角度，探究整合审计模式下内部控制审计收费的影响因素。通过构建实证研究模型考察发现内部控制审计收费与公司规模、业务复杂度、事务所的声誉显著正相关，与公司的内部控制质量、连续内部控制审计显著负相关。从上述研究结论中清晰可见内部控制审计收费的影响因素中有较多与财务报表审计收费的影响因素重合，这也为进一步探究内部控制审计收费与财务报表审计收费之间的关系奠定了基础。

内部控制审计收费实际上是上市公司与会计师事务所市场势力博弈的结果。因此，会计师事务所应树立品牌形象，不断提升专业胜任能力和执业质量，提升竞争力。在竞争机制的约束之下内部控制审计收费日后会愈发公正公开与透明。对内部控制审计收费影响因素的研究可在探寻内部控制审计定价规律的同时，也便于监管部门洞察市场主体的策略性行为，审视内部控制审计服务定价政策的合理性，为制定科学的监管政策提供依据。总体上讲，仍有必要进一步优化内部控制审计业务的供给结构，建立市场定价机制为主导、监管机构合理引导的定价模式，制定合理的收费标准，避免“劣币驱逐良币”的不合理定价，形成合理的定价区间，以促进和保障公平竞争，实现审计资源的优化配置，维护内部控制审计服务市场的秩序。

第6章 整合审计模式下两类审计收费交叉补贴关系研究

为了推行 SOX 法案的 404 条款，PCAOB 先后颁布了 AS2 和 AS5，其中 AS5 首次提出整合审计概念，即企业的财务报表审计应当与内部控制审计结合进行。整合审计诞生于美国，其产生基础是内部控制审计与财务报表审计的合理关联，并伴随着审计理论与实务的发展到广泛的关注。我国财政部等五部委于 2008 年和 2010 年发布了《企业内部控制基本规范》和《企业内部控制配套指引》，要求自 2012 年 1 月 1 日起上市公司应公开披露财务报表审计报告与内部控制审计报告。《企业内部控制审计指引》明确指出会计师事务所可以将财务报表审计与内部控制审计整合进行。

美国关于整合审计的研究，关注焦点在于 SOX 法案实施后审计收费的变化，由于无法获取内部控制审计收费相关数据，因此，鲜有关于整合审计模式下两类审计收费之间关系的研究。前文制度背景部分的审计收费数据披露部分可知，分开披露两类审计收费的公司绝大多数实施整合审计，而实证研究部分的第 4 章与第 5 章又得知两类审计收费的影响因素存在诸多重合之处。国内的内部控制审计逐步由自愿性审计阶段向强制性审计阶段过渡，两类审计服务之间的双向资源流动方式以及年报中公开披露的内部控制审计收费，为深入研究整合审计模式下两类审计收费之间的关系提供了难得的契机。本章选取 2011 ~2015 年沪深主板分开披露两类审计收费并执行整合审计的公司为研究对象，构建模型实证检验整合审计模式下两类审计收费之间的交叉补贴关系，检验知识溢出效应和规模经济效应两种竞争性的理论解释。

6.1 理论分析与研究假设

会计师事务所业务多元化可能形成相关业务之间的交叉补贴，即针对同一客户提供的两类业务在收费上存在某种内在关联。内部控制审计服务收费与财务报表审计服务收费之间的交叉补贴，按照其形成原因和作用机理的不同，形成两种竞争性的理论解释，即知识溢出效应和规模经济效应。

1. 知识溢出效应

西穆尼奇（1984）在研究审计服务收费与非审计服务收费的关系时，首次提出了“知识溢出效应”的概念，即审计师提供非审计服务时获取的知识，可能会“溢出”到审计服务，进而提高审计质量，获得正效应。格里利克斯（Griliches，1992）赋予知识溢出以下含义：在相似的事情上工作，并且从彼此的研究中获益。布兰斯特（Branstetter，2000）给知识溢出的定义是“当一个企业能从另一个企业的研发活动中获得经济利益，而且不承担另一个企业的研发成本，此为知识溢出效应的结果”。当给定的行为主体创造的知识有利于其他行为主体进行知识创造或创新时，会产生知识溢出。这是一种不可避免的外部性现象，即知识的创造者得不到经济补偿，知识的获得者免费进行使用，知识溢出增加了行为主体的可用知识存量，进而促进社会技术进步。安特尔等（2006）构建联立方程来深入探讨审计收费与非审计服务收费两者间的关系，实证研究验证两类收费之间为正相关的知识溢出效应。

在整合审计模式下，财务报表审计与内部控制审计是相互融合的，你中有我、我中有你。在执行财务报表审计业务时，注册会计师为确定财务报表是否存在重大错报，必须了解被审计单位的内部控制并对其进行风险评估，如果注册会计师认为内部控制是有效的，则其在实施进一步审计程序时需要进行内部控制测试。由此，可有效依据执行财务报表审计程序时对公司内部控制的较为广泛及深入的了解来为内部控制审计奠定良好的前期基础。与之相同的逻辑，若是注册会计师通过执行审计程序而识别了公司存在重大错报，可能表征着与重大错报相互对应的内部控制也存在缺陷，从而以期为内部控制审计指明应当重点关注的审计点。将视角转到内部审计来看，注册会计师执行内部控制审计程序时，不仅要了解被审计单位的内部控制，还需要评价其设计及运行的有效性，由此依据获取的内部控制评价证据来修改财务报表审计的策略和计划，决定实质性测试的性质、时间和范围。在内部控制审计过程中，注册会计师通过实施相应审计程序来审查较为关键的内部控制点，由此以期来识别公司的重大内部控制缺陷，则可以依据专业知识及职业经验可合理推断与内部控制缺陷相对应的财务报表可能存在重大错报，故而指明财务报表审计方向并为之提供线索。综上所述，实施两类审计业务过程中不论是执行的审计程序抑或是取得的审计证据均有重叠之处，由此可以相互印证，有利于提高审计效率、降低审计风险、保证审计质量。两种审计服务的最终目标是一致的，财务报表审计的目标是通过实施审计程序来合理保证财务报表不存在重大错报。而内部控制审计目标是通过实施审计程序来合理保证内部控制不存在重大缺陷，是为合理保证财务报表不存在重大错报服务的。内部控制审计测试的结论可与财务报表审计测试的结论相互影响。审计师不仅要评估在内部控制审计中发现的内部控制缺陷对实施财务报表审计实质性测试的影响，而且要考虑财务报表审计过程中发现的错报对内部控制审计意见的影响。两种审计服务最终目标合理保证财务报表的可靠性。

同一家会计师事务所为被审计单位提供财务报表审计与内部控制审计服务，执行两类审计服务过程中获得的相关知识可以彼此印证而相互溢出。将两种审计整合进行可以相互利用在执行另一类审计业务时所获取的“知识”，进而提高审计质量，因此在收费上也会体现出针对这种“知识”的溢价，从而导致两类审计收费之间出现正向的交叉补贴。据此提出以下假设。

假设H1a：整合审计模式下内部控制审计对财务报表审计会产生知识溢出效应，从而导致内部控制审计收费与财务报表审计收费之间产生正向的交叉补贴，即会计师事务所针对某一家客户收取的内部控制审计收费越高，则对该客户收取的财务报表审计收费也会越高。

假设H1b：整合审计模式下财务报表审计对内部控制审计会产生知识溢出效应，从而导致内部控制审计收费与财务报表审计收费之间产生正向的交叉补贴，即会计师事务所针对某一家客户收取的财务报表审计收费越高，则对该客户收取的内部控制审计收费也会越高。

2. 规模经济效应

经济学中的规模经济是描述公司规模与成本变动关系的理论：公司规模扩大会降低平均成本，提高效益。长期平均成本曲线向下方倾斜，最低点即为最优生产规模，运用在审计收费领域，即最低的平均审计成本只有在特定的产出时才会获得。规模经济会产生较高的运行效率：较高的利润或是较低的收费。规模经济产生的根源在于生产活动的“不可任意分割性”和“附加利益效应”，使生产要素在合理配置的情况下产生协同作用。从技术视角来看，不同的产业具有不同性质以及不同程度的规模经济来源，审计领域存在的规模经济源于审计师专业知识积累过程的“干中学”效应以及业内专家的“资产专用性”。莫罗尼（Moroney，2007）通过实验研究发现，审计判断的每一个阶段，业内专家的决策效率较之非专家更高，正是这种高的决策效率导致规模经济的产生。戈帕尔等（Gopal et al.，2010）在西穆尼奇（1984）的研究基础上进一步发现，审计服务收费与非审计服务收费之间存在负相关关系，非审计服务收费能在一定程度上降低审计服务收费，两者之间存在一定的规模经济效应。

从上市公司视角来看，接受内部控制审计和财务报表审计，需要向会计师事务所提供的资料存在大量的重叠，两种审计整合进行，可以为公司省去重复劳动。公司也可以获得降低交易成本的“一站式购物”。对会计师事务所而言，同一家会计师事务所的整合审计工作属于一班人马、两套报告的形式，同时提供内部控制审计服务与财务报表审计服务，提供相同的契约资源（例如品牌与声誉），可以将会计师事务所在财务报表审计服务市场上的优势自然而然地延伸至内部控制审计服务市场。故而执行整合审计可有效地将获取的审计资源零成本的相互运用于内部控制审计与财务报表审计，利用审计师的学习效应专长，发挥两种审计各自独特的优势来弥补对方的工作缺口，实现相互衔接与高度契合，在提高审计效率的同时节约审计成本降低审计收费，合理地整合资源达到“1+1>2”的效果，产生规模经济效应。因此，内部控制审计收费与财务报表审计收费之间呈现出负相关关系，具体而言即为事务所可向公司收取较低的财务报表审计收费以期来弥补收取的高额的内部控制审计收费，或是收取较低的内部控制审计收费来弥补高额的财务报表审计收费。据此提出以下假设。

假设 H2a：整合审计模式下内部控制审计对财务报表审计会产生规模经济效应，从而导致内部控制审计收费与财务报表审计收费之间产生负向的交叉补贴，即会计师事务所针对某一家客户收取的内部控制审计收费越高，则对该客户收取的财务报表审计收费就会越低。

假设 H2b：整合审计模式下财务报表审计对内部控制审计会产生规模经济效应，从而导致内部控制审计收费与财务报表审计收费之间产生负向的交叉补贴，即会计师事务所针对某一家客户收取的财务报表审计收费越高，则对该客户收取的内部控制审计收费就会越低。

需要特别说明的是，两组研究假设中所阐述的作用机理极有可能同时存在并共同起作用，在实证检验过程中，只能比较这两种竞争性的理论中哪个更具解释力，或者说两种效应中哪个起主导作用，即整合审计模式下内部控制审计收费与财务报表审计收费之间的交叉补贴，主要来源于知识溢出效应，还是规模经济效应。

6.2 研究设计

6.2.1 样本选取与数据来源

本章选取 2011 ~2015 年沪深两市主板施行整合审计的上市公司为研究样本，并做以下筛选：①剔除 ST 和 * ST 公司，因其面临退市的危机，数据可能影响研究的稳健性。②剔除金融类上市公司，因其行业特征较为特殊。③剔除数据缺失公司。内部控制审计收费数据、保证程度等数据来自 DIB 内部控制与风险管理数据库，财务数据来自 WIND 和 CSMAR 数据库，连续内部控制审计等数据通过手工搜索上市公司的年报获得。对于连续变量，在回归分析时按 1% 进行缩尾处理。具体的数据筛选过程可结合第 5 章的表 5 -1 及表 5 -2，分年度样本数据详见表 6 -1。

表6-1 2011~2015年沪深两市整合审计收费（均值）情况以及样本公司数量

年份及总计	整合审计收费均值（万元）	财务报表审计收费		内部控制审计收费		整合审计的公司数量（个）
		均值（万元）	所占比例（%）	均值（万元）	所占比例（%）	
2011	312.31	246.08	78.79	66.23	21.21	26
2012	180.20	138.38	76.79	41.82	23.21	605
2013	193.80	150.32	77.56	43.48	22.44	805
2014	177.25	135.97	76.71	41.28	23.29	1065
2015	176.25	133.79	75.91	42.46	24.91	1112
总计	207.96	160.91	77.37	47.05	22.63	3613

表6-1列示2011~2015年沪深两市整合审计收费（均值）情况以及样本公司数量。2011年实施整合审计并且分开披露两类审计收费的样本公司数量较少，仅有26家，究其原因在于内部控制审计相关法规及指引从2011年逐步开始在上市公司中施行，处于起步阶段。整合审计收费均值为312.31万元，其中财务报表审计收费均值为246.08万元，所占比例高达78.79%，内部控制审计收费均值为66.23万元，所占比例为21.21%。2012年实施整合审计并且分开披露两类审计收费的样本公司数量为605家，较之2011年有较大幅度提高，越来越多的上市公司开始实施内部控制审计，内部控制审计逐步迈入正轨。整合审计收费均值为180.20万元，其中财务报表审计收费均值为138.38万元，所占比例高达76.79%，内部控制审计收费均值为41.82万元，所占比例为23.21%。2013年实施整合审计并且分开披露两类审计收费的样本公司数量为805家，较之2012年略有提高。整合审计收费均值为193.80万元，其中财务报表审计收费均值为150.32万元，所占比例高达77.56%，内部控制审计收费均值为43.48万元，所占比例为22.44%。2014年实施整合审计并且分开披露两类审计收费的样本公司数量为1065家，较之2013年有所提高。整合审计收费均值为177.25万元，其中财务报表审计收费均值为135.97万元，所占比例高达76.71%，内部控制审计收费均值为41.28万元，所占比例为23.29%。2015年实施整合审计并且分开披露两类审计收费的样本公司数量为1112

家，较之2014年有所提高。整合审计收费均值为176.25万元，其中财务报表审计收费均值为133.79万元，所占比例高达75.91%，内部控制审计收费均值为42.46万元，所占比例为24.91%。综合而言，2011～2015年实施整合审计并且分开披露两类审计收费的样本公司数量为3613家，整合审计收费均值为207.96万元，其中财务报表审计收费均值为160.91万元，所占比例高达77.37%，内部控制审计收费均值为47.05万元，所占比例为22.63%。整合审计收费中财务报表审计收费均值所占比例在75%～80%之间，内部控制审计收费均值所占比例在20%～25%。

6.2.2　变量定义

本章的被解释变量、解释变量及控制变量详见表6-2。

表6-2　　　　变量说明

变量类别	变量名称	变量符号	变量含义
被解释变量	财务报表审计收费	FSF	财务报表审计收费金额的自然对数
	内部控制审计收费	ICAF	内部控制审计费用金额的自然对数
财务报表审计收费解释变量	存货/总资产	Inv	存货除以总资产
	应收账款/总资产	Rec	应收账款除以总资产
	连续财务报表审计	Tenure	财务报表连续审计取值为1；否则取值为0
	亏损	Loss	样本年度净利润小于零，取值为1；否则取值为0
	流动比率	CurRat	流动资产除以流动负债
	审计意见	Opin	审计师出具财务报表审计意见，非标准审计意见取值为1；标准审计意见取值为0
内部控制审计收费解释变量	内部控制质量	ICQ	DIB内部控制指数+1取自然对数
	内部控制连续审计	CONT	内部控制连续审计取值为1，否则取值为0

续表

变量类别	变量名称	变量符号	变量含义
共同控制变量	公司规模	Size	公司总资产的自然对数
	业务复杂度	Comp	纳入公司合并报表的子公司的平方根
	产权性质	SOE	实际控制人为国有股，取值为1；否则取值为0
	上市年限	Listyear	公司的上市年限
	审计师声誉	Big4	审计师为国际四大取值为值为1，否则取值为0
	资产收益率	ROA	净利润除以总资产平均余额
	资产负债率	Lev	期末负债总额除以期末资产总额
	公司所在地	Locat	按照公司总部所在地划分为3个地区：东部地区；中部地区；西部地区
控制变量	年份	Year	虚拟变量
	行业	Ind	虚拟变量

6.2.3 模型构建

借鉴西穆尼奇（1980）审计收费模型，建立财务报表审计收费影响因素模型（6-1）：

$$\begin{aligned} FSF = {} & \lambda_0 + \lambda_1 Inv + \lambda_2 Rec + \lambda_3 Tenure + \lambda_4 Loss + \lambda_5 CurRat \\ & + \lambda_6 Opin + \lambda_7 Size + \lambda_8 Comp + \lambda_9 SOE + \lambda_{10} Listyear \\ & + \lambda_{11} Big4 + \lambda_{12} ROA + \lambda_{13} Lev + \lambda_{14} Locat \\ & + \lambda_i Year + \lambda_j Ind + \xi_1 \end{aligned} \quad (6-1)$$

内部控制审计需求仅是其经济价值产生的必要条件，经济价值的实现还有赖于提供内部控制审计服务的会计师事务所的特征，以及内部控制审计服务自身的特质。因此，上市公司特征、会计师事务所特征以及内部控制审计自身的特性是影响内部控制审计收费的共同决定因素。依据第5章构建的内部控制审计收费模型（6-2），如下：

$$\begin{aligned} ICAF = {} & \beta_0 + \beta_1 Size + \beta_2 Comp + \beta_3 ICQ + \beta_4 Big4 \\ & + \beta_5 CONT + \beta_6 SOE + \beta_7 Listyear + \beta_8 ROA \\ & + \beta_9 Lev + \beta_{10} Locat + \beta_i Year + \beta_j Ind + \xi_2 \end{aligned} \quad (6-2)$$

为检验两类审计收费之间的交叉补贴关系究竟是知识溢出效应还是规模经济效应，在模型（6-1）的基础上加入内部控制审计收费构建模型（6-3），在模型（6-2）的基础上加上财务报表审计收费构建模型（6-4）。

$$\begin{aligned} FSF = {} & \delta_0 + \delta_1 ICAF + \delta_2 Inv + \delta_3 Rec + \delta_4 Tenure + \delta_5 Loss \\ & + \delta_6 CurRat + \delta_7 Opin + \delta_8 Size + \delta_9 Comp + \delta_{10} SOE \\ & + \delta_{11} Listyear + \delta_{12} Big4 + \delta_{13} ROA + \delta_{14} Lev \\ & + \delta_{15} Locat + \delta_i Year + \delta_j Ind + \xi_3 \end{aligned} \tag{6-3}$$

$$\begin{aligned} ICAF = {} & \theta_0 + \theta_1 FSF + \theta_2 Size + \theta_3 Comp + \theta_4 ICQ + \theta_5 Big4 \\ & + \theta_6 CONT + \theta_7 SOE + \theta_8 Listyear + \theta_9 ROA + \theta_{10} Lev \\ & + \theta_{11} Locat + \theta_i Year + \theta_j Ind + \xi_4 \end{aligned} \tag{6-4}$$

6.3 实证分析

6.3.1 描述性统计分析

变量的描述性统计情况见表6-3。

表6-3　　变量的描述性统计

变量	平均值	标准差	最小值	25%分位	中位数	75%分位	最大值
FSF	13.695	0.732	12.429	13.181	13.528	14.047	16.470
ICAF	12.707	0.617	11.513	12.206	12.612	13.082	14.736
Size	22.638	1.328	19.549	21.767	22.525	23.438	26.472
Comp	4.260	2.038	1.000	2.828	3.873	5.292	11.576
SOE	0.731	0.444	0.000	0.000	1.000	1.000	1.000
Listyear	15.032	5.039	1.000	12.000	16.000	18.000	23.000
Big4	0.092	0.289	0.000	0.000	0.000	0.000	1.000
Inv	0.174	0.181	0.000	0.051	0.119	0.218	0.790
Rec	0.085	0.093	0.000	0.017	0.052	0.120	0.423
Tenure	0.505	0.500	0.000	0.000	1.000	1.000	1.000

续表

变量	平均值	标准差	最小值	25%分位	中位数	75%分位	最大值
Loss	0.126	0.332	0.000	0.000	0.000	0.000	1.000
CurRat	1.612	1.218	0.201	0.894	1.299	1.913	7.553
Opin	0.038	0.191	0.000	0.000	0.000	0.000	1.000
ICQ	6.251	1.199	0.000	6.411	6.499	6.561	6.769
CONT	0.160	0.367	0.000	0.000	0.000	0.000	1.000
ROA	0.188	0.245	-0.116	0.034	0.068	0.288	0.862
Lev	0.520	0.201	0.092	0.372	0.526	0.675	0.931

表6-3列示了各关键变量的描述性统计情况。从中可知：①财务报表审计收费自然对数的最小值为12.429，最大值为16.470，均值和标准差分别为13.695和0.732，与内部控制审计收费相比波动性较大。②内部控制审计收费自然对数的最小值为11.513，最大值为14.736，均值和标准差分别为12.707和0.617，表明内部控制审计收费的波动性不大。③公司规模的标准差为1.328，样本公司规模差异较大。④公司业务复杂度即纳入合并报表子公司平方根最小值为1，最大值为11.576，初步表明样本公司业务复杂度存在较大差异。⑤将近73.1%的样本公司为国有控股上市公司，初步表明实施整合审计并且分开披露两类审计收费的公司中国有上市公司的信息披露透明度较高。⑥公司上市年限均值为15.032，整体而言样本公司上市年限较长。⑦会计师事务所中国际四大占均值比例为9.2%，非四大所的比例均值为90.8%，表明在整合审计市场中并未出现“外来和尚好念经”的国际四大占据市场垄断地位的情形。⑧样本公司中将近半数公司进行连续财务报表审计，将近16%的样本公司的内部控制是连续审计，初步表明内部控制审计业务作为新兴的审计业务，实施期间较短，审计合约尚不稳定。⑨将近12.6%的样本公司存在亏损。⑩仅有3.8%的样本公司被出具非标准审计意见，初步表明样本公司整体的财务信息较为公允。

6.3.2 相关性分析

表6-4列示变量相关性分析结果。财务报表审计收费与内部控制审计收费的相关系数显著为正，初步验证前文的两类审计收费存在正向

表 6-4　　变量相关性分析

	FSF	ICAF	Inv	Rec	Tenure	Loss	CurRat	Opin	SOE	Listyear	Big4	ICQ	CONT	Size	Comp	ROA	LEV
FSF		0.639 ***	0.004	0.041 **	0.072 ***	0.078 ***	-0.156 ***	0.061 ***	0.020	-0.064 ***	0.387 ***	-0.260 ***	0.088 ***	0.715 ***	0.606 ***	0.046 ***	0.232 ***
	.	0.000	0.822	0.014	0.000	0.000	0.000	0.000	0.234	0.000	0.000	0.000	0.000	0.000	0.000	0.005	0.000
ICAF	0.677 ***		-0.001	0.025	0.004	-0.044 ***	-0.156 ***	-0.071 ***	0.069 ***	-0.055 ***	0.345 ***	-0.209 ***	0.054 ***	0.623 ***	0.493 ***	0.022	0.232 ***
	0.000	.	0.939	0.127	0.817	0.008	0.000	0.000	0.000	0.001	0.000	0.000	0.001	0.000	0.000	0.186	0.000
Inv	-0.001	-0.018		0.103 ***	-0.017	-0.038 **	0.305 ***	-0.064 ***	-0.026	0.040 **	-0.068 ***	0.040 **	-0.006	0.016	0.124 ***	-0.041 **	0.240 ***
	0.932	0.288	.	0.000	0.321	0.021	0.000	0.000	0.112	0.015	0.000	0.015	0.702	0.331	0.000	0.015	0.000
Rec	0.015	0.001	-0.073 ***		-0.043 ***	-0.002	0.143 ***	-0.017	-0.010	-0.116 ***	-0.012	0.030 *	-0.025	-0.111 ***	0.020	-0.008	-0.016
	0.377	0.977	0.000	.	0.010	0.892	0.000	0.306	0.534	0.000	0.462	0.075	0.140	0.000	0.241	0.628	0.323
Tenure	0.047 ***	0.004	-0.026	-0.062 ***		-0.006	-0.011	-0.050 ***	-0.034 **	0.052 ***	0.029 *	0.001	0.052 ***	0.002	0.048 ***	0.020	-0.041 **
	0.005	0.801	0.122	0.000	.	0.701	0.515	0.003	0.039	0.002	0.078	0.962	0.002	0.900	0.004	0.226	0.013
Loss	0.068 ***	-0.050 ***	-0.045 ***	-0.014	-0.006		-0.200 ***	0.251 ***	-0.009	0.048 ***	-0.069 ***	-0.427 ***	-0.007	-0.114 ***	-0.133 ***	-0.237 ***	0.196 ***
	0.000	0.003	0.007	0.393	0.701	.	0.000	0.000	0.578	0.004	0.000	0.000	0.659	0.000	0.000	0.000	0.000
CurRat	-0.140 ***	-0.137 ***	0.072 ***	-0.008	-0.024	-0.083 ***		-0.101 ***	-0.134 ***	-0.023	-0.082 ***	0.062 ***	-0.029 *	-0.236 ***	-0.068 ***	0.019	-0.581 ***
	0.000	0.000	0.000	0.649	0.152	0.000	.	0.000	0.000	0.167	0.000	0.000	0.083	0.000	0.000	0.266	0.000
Opin	0.065 ***	-0.076 ***	-0.050 ***	-0.009	-0.050 ***	0.251 ***	-0.028 *		-0.049 ***	0.054 ***	-0.038 **	-0.265 ***	-0.039 **	-0.116 ***	-0.110 ***	-0.040 **	0.123 ***
	0.000	0.000	0.003	0.583	0.003	0.000	0.093	.	0.003	0.001	0.022	0.000	0.018	0.000	0.000	0.016	0.000

续表

	FSF	ICAF	Inv	Rec	Tenure	Loss	CurRat	Opin	SOE	Listyear	Big4	ICQ	CONT	Size	Comp	ROA	LEV
SOE	-0.061 ***	0.097 ***	-0.046 ***	-0.014	-0.034 **	-0.009	-0.114 ***	-0.049 ***		0.004	0.068 ***	0.097 ***	0.148 ***	0.127 ***	0.051 ***	-0.057 ***	0.089 ***
	0.000	0.000	0.006	0.409	0.039	0.578	0.000	0.003	.	0.829	0.000	0.000	0.000	0.000	0.002	0.001	0.000
Listyear	-0.150 ***	-0.106 ***	0.113 ***	-0.086 ***	0.071 ***	0.065 ***	-0.051 ***	0.061 ***	0.043 ***		-0.086 ***	-0.074 ***	-0.043 ***	-0.126 ***	0.019	0.003	0.051 ***
	0.000	0.000	0.000	0.000	0.000	0.000	0.002	0.000	0.009	.	0.000	0.000	0.010	0.000	0.257	0.835	0.002
Big4	0.500 ***	0.424 ***	-0.056 ***	-0.004	0.029 **	-0.069 ***	-0.056 ***	-0.038 **	0.068 ***	-0.112 ***		0.218 ***	0.031 *	0.330 ***	0.157 ***	0.034 **	0.036 **
	0.000	0.000	0.001	0.810	0.078	0.000	0.001	0.022	0.000	0.000	.	0.000	0.064	0.000	0.000	0.044	0.031
ICQ	-0.069 ***	-0.061 ***	0.022	0.032 *	0.055 ***	-0.364 ***	0.038 **	-0.390 ***	0.033 **	-0.042 **	0.053 ***		0.054 ***	0.310 ***	0.250 ***	0.107 ***	-0.032 **
	0.000	0.000	0.192	0.056	0.001	0.000	0.024	0.000	0.049	0.013	0.002	.	0.001	0.000	0.000	0.000	0.056
CONT	0.097 ***	0.065 ***	-0.019	-0.025	0.052 ***	-0.007	-0.018	-0.039 **	0.148 ***	-0.019	0.031 *	0.030 *		0.182 ***	0.110 ***	0.088 ***	0.017
	0.000	0.000	0.265	0.129	0.002	0.659	0.270	0.018	0.000	0.257	0.064	0.071	0.189 ***	0.000	0.000	0.000	0.314
Size	0.744 ***	0.669 ***	0.076 ***	-0.074 ***	0.001	-0.127 ***	-0.211 ***	-0.159 ***	0.157 ***	-0.176 ***	0.379 ***	0.120 ***	0.001		0.551 ***	0.049 ***	0.384 ***
	0.000	0.000	0.000	0.000	0.998	0.000	0.000	0.000	0.000	0.000	0.000	0.000	0.106	.	0.000	0.003	0.000
Comp	0.558 ***	0.497 ***	0.121 ***	-0.029 *	0.021	-0.122 ***	-0.108 ***	-0.097 ***	0.041 **	-0.029 *	0.170 ***	0.109 ***	0.001 *	0.535 ***		0.058 ***	0.216 ***
	0.000	0.000	0.000	0.080	0.208	0.000	0.000	0.000	0.014	0.077	0.000	0.000	0.099	0.000	.	0.000	0.000

续表

	FSF	ICAF	Inv	Rec	Tenure	Loss	CurRat	Opin	SOE	Listyear	Big4	ICQ	CONT	Size	Comp	ROA	LEV
ROA	0.037 **	0.036 **	0.076 ***	0.018	0.014	-0.030 *	-0.109 ***	0.031 *	-0.036 **	0.036 **	0.004	-0.023	0.001 **	0.059 ***	0.047 ***		-0.048 ***
	0.026	0.032	0.000	0.286	0.408	0.075	0.000	0.065	0.029	0.029	0.797	0.173	0.014	0.000	0.005	.	0.004
LEV	0.224 ***	0.220 ***	0.290 ***	0.070 ***	-0.043 ***	0.207 ***	-0.532 ***	0.141 ***	0.089 ***	0.086 ***	0.036 **	-0.146 ***	0.395 **	0.338 ***	0.197 ***	0.197 ***	
	0.000	0.000	0.000	0.000	0.010	0.000	0.000	0.000	0.000	0.000	0.032	0.000	-0.016	0.000	0.000	0.000	.

注：右上角为 Pearson 相关系数；左下角为 Spearman 相关系数。*** 表示在1%的水平上显著；** 表示在5%的水平上显著；* 表示在10%的水平上显著。

的知识溢出效应。公司规模、业务复杂度、审计师声誉等与财务报表审计收费及内部控制审计收费的相关系数显著为正，内部控制质量等与财务报表审计收费及内部控制审计收费的相关系数显著为负，亦与直觉逻辑相符。

6.3.3 实证结果分析

表6-5列示了模型（6-3）内部控制审计收费对财务报表审计收费的影响的回归结果，直接用内部控制审计收费作为解释变量进行回归，在1%的水平上显著正相关，这验证了假设H1a，整合审计模式下内部控制审计收费与财务报表审计收费的交叉补贴关系主要来源于知识溢出效应，内部控制审计工作成果可以溢出到财务报表审计，存在内部控制审计向财务报表审计的知识溢出，从而导致内部控制审计收费与财务报表审计收费之间产生正向的交叉补贴，即会计师事务所针对某一家客户收取的内部控制审计收费越高，则对该客户收取的财务报表审计收费也会越高。假设H2a则未通过检验，目前没有证据表明内部控制审计收费与财务报表审计收费的交叉补贴关系主要来源于规模经济效应。回归模型的F值为212.099，总体显著。调整 R^2 为78.5%，拟合优度很高，模型的解释能力较强。VIF远低于10，模型不存在严重的多重共线性。

表6-5　　内部控制审计收费对财务报表审计收费影响回归结果

变量	回归系数	T值	P值	VIF值
ICAF	0.479***	34.868	0.000	2.21
Inv	-0.030	-0.592	0.554	2.64
Rec	0.173**	2.183	0.029	1.66
Tenure	0.061***	5.240	0.000	1.05
Loss	0.037*	1.942	0.052	1.26
CurRat	-0.005	-0.759	0.448	2.09
Opin	0.151***	4.720	0.000	1.16
Size	0.199***	26.628	0.000	3.03
Comp	0.054***	14.206	0.000	1.87

续表

变量	回归系数	T 值	P 值	VIF 值
SOE	-0.055 ***	-3.855	0.000	1.23
Listyear	-0.003 **	-2.216	0.027	1.26
Big4	0.433 ***	18.732	0.000	1.37
ROA	-0.040	-0.760	0.448	5.05
Lev	-0.049	-1.000	0.317	3.03
Locat	YES			
Year	YES			
Ind	YES			
Intercept	3.168 ***	16.516	0.000	
Adjusted R^2	0.785			
F 值	212.099			
N	3613			

注：*** 表示在 1% 的水平上显著；** 表示在 5% 的水平上显著；* 表示在 10% 的水平上显著。

关于财务报表审计收费的其他影响因素，从模型（6-4）的回归结果来看：公司的规模、业务复杂程度、公司发生亏损、应收账款占总资产的比例、非标准审计意见、会计师事务所的声誉等与财务报表审计收费呈显著的正相关。这些结论与既有关于财务报表审计收费的实证研究结论高度吻合。

表 6-6 列示了模型（6-4）财务报表审计收费对内部控制审计收费的影响的回归结果，直接用财务报表审计收费作为解释变量进行回归，在 1% 的水平上显著正相关，这验证了假设 H1b。整合审计模式下财务报表审计收费与内部控制审计收费的交叉补贴关系主要来源于知识溢出效应，财务报表审计工作成果可以溢出到内部控制审计，存在财务报表审计向内部控制审计的知识溢出，从而导致财务报表审计收费与内部控制审计收费之间产生正向的交叉补贴，即会计师事务所针对某一家客户收取的财务报表审计收费越高，则对该客户收取的内部控制审计收费也会越高。因此，综合模型（6-3）与模型（6-4）的回归结果来看，内部控制审计收费与财务报表审计收费之间存在知识溢出效应，并且知识溢出效应是双向的，即内部控制审计收费与财务报表审计收费之

间互为显著的正相关关系。不仅存在内部控制审计向财务报表审计的知识溢出，也存在财务报表审计向内部控制审计的知识溢出。假设 H2b 则未通过检验，目前没有证据表明财务报表审计收费与内部控制审计收费的交叉补贴关系主要来源于规模经济效应。回归模型的 F 值为 121.900，总体显著。调整 R^2 为66.2%，拟合优度较高，模型的解释能力较强。VIF 远低于 10，模型不存在严重的多重共线性。

表 6-6　财务报表审计收费对内部控制审计收费影响回归结果

变量	回归系数	T 值	P 值	VIF 值
FSF	0.528***	34.701	0.000	3.42
Size	0.070***	8.247	0.000	3.46
Comp	0.020***	4.728	0.000	1.96
SOE	-0.032**	-2.117	0.034	1.25
Listyear	-0.003**	-2.247	0.025	1.24
ICQ	-0.002	-0.337	0.736	1.10
Big4	0.098***	3.843	0.000	1.49
CONT	-0.068***	-3.942	0.000	1.11
ROA	-0.053	-0.968	0.333	4.93
Lev	0.060	1.534	0.125	1.71
Locat	YES			
Year	YES			
Ind	YES			
Intercept	3.568***	17.900	0.000	
Adjusted R^2	0.662			
F 值	121.900			
N	3613			

注：*** 表示在 1% 的水平上显著；** 表示在 5% 的水平上显著；* 表示在 10% 的水平上显著。

关于内部控制审计收费的其他影响因素，从模型（6-4）的回归结果来看：公司规模、业务复杂度、会计师事务所声誉均在 1% 的水平上显著，表明规模越大、业务越复杂、审计师声誉越高，内部控制审计收费越高；连续内部控制审计在1%的水平上显著负相关，表明公司内部控制连续审计，内部控制审计收费越低。这些结论与相关的理论分析和专业直觉高度吻合。

6.4　稳健性检验

本书构建的财务报表审计收费影响因素模型（6－1）与内部控制审计收费影响因素模型（6－2）中存在部分相同的解释变量以及控制变量，在研究两类审计收费相互关系时为避免两者之间的内生性问题和回归中的多重共线性问题，将模型（6－1）与模型（6－2）中的共同影响因素进行控制，构建内部控制审计收费新模型（6－5），剔除共同影响因素以外的其他影响内部控制审计收费的因素均包含在残差 ξ_5 中，将 ξ_5 作为内部控制审计收费的替代变量（ICAF1）代入模型（6－6）中研究内部控制审计收费对财务报表审计收费的影响。

$$ICAF = \gamma_0 + \gamma_1 Size + \gamma_2 Comp + \gamma_3 SOE + \gamma_4 Listyear + \gamma_5 Big4 + \gamma_6 ROA + \gamma_7 Lev + \gamma_8 Locat + \gamma_i Year + \gamma_j Ind + \xi_5 \quad (6-5)$$

模型（6－6）是在模型（6－1）的基础上增加了内部控制审计收费解释变量，此处采用ICAF1作为内部控制审计收费的替代解释变量。

$$FSF = \sigma_0 + \sigma_1 ICAF1 + \sigma_2 Inv + \sigma_3 Rec + \sigma_4 Tenure + \sigma_5 Loss + \sigma_6 CurRat + \sigma_7 Opin + \sigma_8 Size + \sigma_9 Comp + \sigma_{10} SOE + \sigma_{11} Listyear + \sigma_{12} Big4 + \sigma_{13} ROA + \sigma_{14} Lev + \sigma_{15} Locat + \sigma_i Year + \sigma_j Ind + \xi_6 \quad (6-6)$$

模型（6－6）的回归结果具体见表6－7。

表6－7　内部控制审计收费对财务报表审计收费影响稳健性检验回归结果

变量	回归系数	T值	P值	VIF值
ICAF1	0.479***	34.868	0.000	1.01
Inv	－0.030	－0.592	0.554	2.64
Rec	0.173**	2.183	0.029	1.66
Tenure	0.061***	5.240	0.000	1.05

续表

变量	回归系数	T值	P值	VIF值
Loss	0.037 *	1.942	0.052	1.26
CurRat	-0.005	-0.759	0.448	2.09
Opin	0.151 ***	4.720	0.000	1.16
Size	0.305 ***	44.799	0.000	2.51
Comp	0.085 ***	22.969	0.000	1.77
SOE	-0.059 ***	-4.171	0.000	1.23
Listyear	-0.002	-1.334	0.182	1.26
Big4	0.649 ***	29.112	0.000	1.28
ROA	-0.100 *	-1.914	0.056	5.05
Lev	0.006	0.118	0.906	3.03
Locat	YES			
Year	YES			
Ind	YES			
Intercept	6.639 ***	40.244	0.000	
Adjusted R^2	0.785			
F值	212.099			
N	3613			

注：*** 表示在1%的水平上显著；** 表示在5%的水平上显著；* 表示在10%的水平上显著。

内部控制审计收费替代变量与财务报表审计收费在1%的水平上显著正相关，验证了假设H1a，研究结果较为稳健。

同理，在研究财务报表审计收费对内部控制审计收费的影响时，将模型（6-1）与模型（6-2）中的共同影响因素进行控制，构建财务报表审计收费新模型（6-7），剔除共同影响因素以外的其他影响财务报表审计收费的因素均包含在残差 ξ_7 中，将 ξ_7 作为财务报表审计收费的替代变量（FSF1）代入模型（6-8）中研究财务报表审计收费对内部控制审计收费的影响。

$$FSF = \eta_0 + \eta_1 Size + \eta_2 Comp + \eta_3 SOE + \eta_4 Listyear + \eta_5 Big4 + \eta_6 ROA + \eta_7 Lev + \eta_8 Locat + \eta_i Year + \eta_j Ind + \xi_7 \quad (6-7)$$

$$ICAF = \theta_0 + \theta_1 FSF1 + \theta_2 Size + \theta_3 Comp + \theta_4 SOE + \theta_5 Listyear + \theta_6 ICQ + \theta_7 Big4 + \theta_8 CONT + \theta_9 ROA + \theta_{10} Lev + \theta_{11} Locat + \theta_i Year + \theta_j Ind + \xi_8 \quad (6-8)$$

模型（6－8）是在模型（6－2）的基础上增加了财务报表审计收费解释变量，此处采用 FSF1 作为财务报表审计收费的替代解释变量。具体回归结果见表6－8。

表6－8 财务报表审计收费对内部控制审计收费影响稳健性检验回归结果

变量	回归系数	T值	P值	VIF值
FSF1	0.528***	34.701	0.000	1.00
Size	0.226***	31.866	0.000	2.44
Comp	0.065***	16.574	0.000	1.76
SOE	－0.001	－0.059	0.953	1.25
Listyear	－0.002*	－1.758	0.079	1.24
ICQ	－0.002	－0.337	0.736	1.10
Big4	0.447***	19.055	0.000	1.26
CONT	－0.068***	－3.942	0.000	1.11
ROA	－0.121**	－2.225	0.026	4.92
Lev	0.105***	2.676	0.007	1.71
Locat	YES			
Year	YES			
Ind	YES			
Intercept	7.173***	42.137	0.000	
Adjusted R^2	0.662			
F值	121.900			
N	3613			

注：*** 表示在1%的水平上显著；** 表示在5%的水平上显著；* 表示在10%的水平上显著。

财务报表审计收费替代变量与内部控制审计收费在1%的水平上显著正相关，验证了假设H1b，研究结果较为稳健。同时考虑模型（6－6）与模型（6－8）的稳健性检验结果，进一步证实整合审计模式下两类审计收费之间的交叉补贴关系主要来源于知识溢出效应，不但如此还发现此类知识溢出效应的方向是双向的，具体而言即为两类审计收费之间互为显著的正相关关系。不仅内部控制审计知识可向财务报表审计溢出，与之相同逻辑，财务报表审计知识亦可以向内部控制审计溢出。

6.5 本章小结

目前我国的内部控制审计正逐步由自愿性审计过渡到强制性审计阶段，将内部控制审计与财务报表审计结合的整合审计已引领主要的审计潮流。整合审计模式下内部控制审计收费与财务报表审计收费之间的交叉补贴可能存在两种情形：根据知识溢出效应，公司聘请同一家事务所为之提供财务报表审计与内部控制审计，可以相互利用两种审计过程中获得的知识，彼此验证审计效果，提供高质量的审计服务，收取高额的审计溢价，两者之间呈正相关关系。依据规模经济效应，在两种审计过程中可以相互利用彼此的工作，提高审计效率，节约审计成本，降低审计收费，两者之间呈负相关关系。本章在整合审计的大背景下，以 2011 ~ 2015 年沪深两市主板分开披露内部控制审计收费与财务报表审计收费的上市公司为研究样本，探究两类审计费用之间的交叉补贴关系，并据此检验知识溢出效应和规模经济效应哪一个更具解释力。实证研究发现内部控制审计收费与财务报表审计收费之间存在显著的双向正相关关系，这说明知识溢出效应起到了主导作用。

第7章 审计关系错配与整合审计收费研究

伴随内部控制审计指引分期分批执行，内部控制审计逐步由自愿性审计过渡到强制性审计阶段，上市公司进入内部控制审计时代。PCAOB发布AS5，提出将财务报表审计与内部控制审计整合起来实施，即整合审计。国内的内部控制相关指引，并未强制要求进行整合审计。当前国内存在单独审计与整合审计两种模式，其中单独审计是指公司可以聘任两家不同的事务所分别执行财务报表审计与内部控制审计，因此亦称异所审计。而整合审计是指由同一家事务所进行财务报表审计与内部控制审计，亦称同所审计。按照相关规范与指引的要求内部控制审计逐步成为与财务报表审计并重的法定审计，部分执行内部控制审计的公司开始在年报中公开对外披露支付的内部控制审计费用，其中，2011～2014年沪深主板单独披露内部控制审计收费的上市公司中施行整合审计比例已高达97.2%，整合审计已大势所趋（方红星等，2016）。考察审计收费时，只有全面考虑整合审计下的两类审计收费，才能更全面、更准确地把握审计定价形成过程中审计师和被审计单位双方的行为和决策。既有文献尚未立足整合审计角度研究整合审计收费问题，整合审计收费成为值得关注的研究课题。

西穆尼奇（1980）对审计市场供需双方进行细分，将审计服务供给方分为八大与非八大审计师，依据购买方资产规模将其细分为大小客户市场，研究发现在大客户市场与小客户市场中，八大与非八大审计收费并未存在显著差异。后续关于审计收费的研究多沿用类似分析框架，发现不同规模的审计师在细分市场上的审计收费存在差异，并将审计收费差异归因于审计师声誉或是品牌。通常认为四大的审计师提供较高质量的审计服务，客户为向市场传达其优良品质倾向于选择四大的审计师。审计师与客户的细分加深了资本市场信息使用者对审计市场结构及其内在运行机制的认识。国内审计市场中国际四大与本土所并存，呈现审计双方高端配高端、低端配低端的互选机制，即国际四大与业绩好的大规模客户匹配，非国际四大与业绩差的小客户匹配（王杏芬，2015）。本章另辟蹊径，试图在整合审计背景下研究资本市场审计关系错配（大所配小客户，小所配大客户）对整合审计收费的影响。本章以 2011 ~2015 年沪深主板整合审计上市公司为研究样本，实证考察审计关系错配与整合审计收费，分别检测上述匹配情形下审计师收取的整合审计收费高低。本章研究是对审计关系错配与整合审计收费进行的探索，亦可同时扩展审计师客户选择研究。

7.1 理论分析与研究假设

随着越来越多的公司选择聘任同一家事务所执行财务报表审计与内部控制审计，考察审计收费时，只有全面考虑整合审计下的两类审计收费，才能更全面、更准确地把握审计定价形成过程中审计师和被审计单位双方的行为和决策。整合审计收费（定价）为同一事务所对上市公司财务报表审计与内部控制审计两项业务的综合收费。整合审计收费从数量上而言是财务报表审计收费与内部控制审计收费之和。从经济含义角度而言，整合审计收费折价为审计师对两类审计业务给予的收费折扣；整合审计收费溢价为审计师对两类审计业务收取的收费溢价。根据知识溢出效应，同一家事务所实施整合审计可以相互利用审计过程中获取的知识，验证审计结果，事务所进而收取高额的审计溢价，两类审计收费呈正相关关系（方红星、陈娇娇，2016）。审计师的风险成本主要是法律诉讼损失与声誉损失，审计市场中存在“深口袋”效应，国际四大的审计师一旦受到起诉，会严重影响其声誉。国际四大长期建立的品牌声誉具有信息传递功能，声誉本质而言是市场参与各方对承诺的高昂信用投资，极具价值，良好的信誉品牌可获取公众持续信任。声誉高的审计师不仅增加个人收入，亦会提高其任职的事务所的市场竞争力。信息不对称的资本市场中，审计师声誉兼具信号传递机制与激励机制的双重功效，国际四大在漫长与激烈的审计市场竞争中形成声誉与品牌的竞争优势。因此，具有更强的声誉保护动机，约束机会主义与审计合谋行为，在承接整合审计业务时出于审计风险的考虑势必会保有更为谨慎的执业态度。审计市场竞争激烈，审计师的声誉资本是其在激烈的市场竞争中获取客户的关键资源。德安杰洛（1981）的准租理论认为大规模事务所基于未来准租的考虑倾向于提供高质量审计服务。弗朗西斯（1984）对其展开延伸，认为在竞争充分且缺乏规模经济的审计市场中，大规模事务所的审计费用远高于小规模事务所。基于深口袋保险价值与声誉机制的约束，大规模事务所的管理机制更为严格，其规避审计风险的动机更强，因其高审计价值而收取高额审计费用。克莱因·勒夫勒（Kleinand Leffler，1981）研究发现一旦事务所建立优质品牌，审计师为维护品牌形象会自发提升专业胜任能力提供高质量审计服务，大所与小所审计收费差异源于品牌声誉。德安杰洛（1981）证实大规模事务所的专业胜任能力强于小规模事务所，且大规模事务所声誉受损将会失去更多的获取准租的机会，声誉高的审计师收取品牌溢价。漆江娜等（2004）证实享有国际声誉的四大事务所收取高额的审计收费溢价，大规模上市公司愿意为获取优质品牌事务所的服务支付高额审计费用。此外，还证实四大事务所的审计客户的盈余质量高于本土事务所的审计客户。与此同时，审计师声誉具有信息传递功能。巴查尔（1989）发现为降低资本市场信息不对称而引发的逆向选择风险，上市公司倾向于聘请声誉高的审计师以期传达其投资风险较低的优质信号；审计师为维护其良好声誉，需要提供优质服务以期获得客户的持续信任，收取高额审计收费。因此，提出如下假设：

假设H1：整合审计模式下，声誉高的国际四大收取高额整合审计收费溢价。

审计师提供的整合审计服务是一种审计产品，其产品质量因审计师不同而存在差异，因此，需求方应依据其偏好进行选择。审计师与客户之间存在双向自愿选择的匹配机制，约翰逊和赖斯（1990）发现客户偏好于选择能满足其需求且成本较低的事务所；舒（2000）、约翰斯通和贝达德（2005）发现事务所倾向于选择低审计风险客户。影响客户选择审计师的因素较为复杂，诸如审计收费、审计师行业专长、审计服务供需双方之间的社会关系，这些因素可能影响审计师与客户之间的匹配程度以及客户的代理问题。客户一般会从其偏好出发来选择与其相匹配的审计师，客户可能偏好审计程序，审计产出以及其与审计师之间的关系等。一般采用审计师与客户之间的校友关系，共同的教育经历，社会关系等作为审计师客户关系的代理变量，但是审计师与客户之间关系比较复杂。舒（2000）采用审计师与客户特征例如规模、利润来构建在四大与非四大审计师选择时审计师与客户错配模型，审计师客户匹配度较差更易诱发审计师变更。弗朗西斯等（2014）认为可通过财务数据度量审计师客户匹配程度，但是考虑到财务报表的叙述对于评价公司业绩也至关重要，因此较难单独进行分析。布朗等（2016）研究方法提供了更全面的相似性度量方式，即基于完整的财务报表信息披露相似度，然后用来预测四大审计师客户关系错配。王杏芬（2015）采用2012年首次进行内部控制审计的公司为样本，基于匹配理论实证考察审计双方互选标准，研究表明国际四大、综合排名四大匹配规模大业绩好的客户，且存在品牌溢价效应；中小事务所匹配规模小业绩差的客户，且存在低价竞争。布朗等（2016）采用财务披露相似度的文本分析来衡量审计师客户匹配程度，实证检验审计师客户匹配度以及审计事务所选择，发现匹配度基础上客户聚集现象，即审计师客户匹配度越低越容易发生审计师变更，客户进而寻找与其更为匹配的审计师。

我国审计市场中国际四大与本土事务所并存，审计师客户关系匹配在整合审计收费方面的研究文献较少。一般而言，审计师与客户双方各有选择偏好，审计双方高端配高端、低端配低端的互选机制，即国际四大与业绩好的大规模客户匹配，非国际四大与业绩差的小客户匹配。本书另辟蹊径，基于整合审计背景研究审计师与客户关系错配（小所配大客户，大所配小客户）及其成因。弗朗西斯和斯托克（1986）研究发现国际八大对其小客户群收取审计收费溢价，在大客户群中收费溢价效应不明显，究其原因在于大客户群中的规模经济效应抵消了审计收费溢价效应。卡森等（2004）实证考察澳大利亚审计市场，研究发现审计师对小客户收取高额的溢价而未对大客户收取溢价。切－艾哈迈德和霍顿（1996）采用配对方法研究英国中等规模公司对六大支付审计收费溢价，并未发现六大收取审计收费溢价。古尔（1999）研究证实香港地区审计市场中国际六大对大小客户群采取一视同仁态度均收取高额溢价。陈冬华、周春泉（2006）基于样本自选择视角研究审计师规模与审计收费之间的关系，研究证实自选择问题显著影响审计收费，在控制自选择因素之后大所调低审计收费，小所调高审计收费。若是对审计师客户关系重新配置，选择大所审计的客户如果选择小所进行审计，审计收费会显著下降，表明该类客户倾向于选择提供高质量服务的大规模事务所，愿意支付高额审计收费。反之，选择小所审计的客户如果选择大所进行审计，审计收费显著上升，表明该类公司为节约成本而选择小规模事务所。整合审计收费由审计成本、风险溢价及审计利润等组成，最终由审计师与客户之间讨价还价达成均衡博弈价格。大规模事务所易于吸收高执业素质的审计人员，专业能力较强，为维护良好的声誉，实施更为细致的审计程序付出更多的审计工时与审计努力。此外，享誉全球的国际四大的议价能力明显超过小客户，在整合审计契约谈判时拥有较大的主导权，收取高额整合审计收费溢价。因此，提出如下假设：

假设 H2a：整合审计模式下，国际四大的审计师对小规模客户收取整合审计收费溢价。

吴应宇等（2008）研究表明大客户向国内五大事务所支付高额审计收费溢价，小客户未支付审计收费溢价，可能源于国内五大事务所的市场地位、经营战略及公司差异化需求而导致。小客户的业务复杂度较低，四大审计流程的程序化，会进一步降低审计成本。此外，小客户市场竞争较为激烈，四大降低审计收费拉拢小客户群，采用低价策略培养忠诚度高的客户。大规模事务所具有规模经济效应，提高审计资源利用率，降低单位审计成本，规模经济的成本领先战略使得四大有更多的审计收费降低空间。大规模事务所低价竞争策略将利润让渡于小客户，对小客户收取整合审计收费折价。因此提出如下假设：

假设 H2b：整合审计模式下，国际四大的审计师对小规模客户收取整合审计收费折价。

基于非国际四大的审计师与大客户组合视角而言，国内审计市场集中度较低竞争尤为激烈，非四大事务所为留住客户需要提供优质的审计质量，审计师增加审计资源投入，例如，配备专业经验丰富的高级别审计人员、对高风险环节进行更为细致的审计，审计师通过收取高额的审计费用来弥补增加的审计成本。小规模事务所的风险识别与应对能力低于大规模事务所。面对相同程度的风险时，非四大事务所需要执行更多的审计程序进而直接增加审计工作量，耗费更多的审计工时付出额外的审计努力，收取整合审计收费溢价。因此，提出如下假设：

假设 H2c：整合审计模式下，非国际四大的审计师对大规模客户收取整合审计收费溢价。

非四大审计师提供的审计服务同质性较高，可替代性较高，市场竞争较为激烈，客户可供选择的事务所较多。非四大事务所对大客户具有较强的经济依赖性，审计师与客户谈判时处于劣势地位，为稳住市场份额保住客户，采取妥协谈判策略，审计师为保住客户不会大幅度提高审计费用。加之有效审计需求不足，整合审计契约谈判主导权掌握于大客户之手，压低整合审计收费。因此，提出如下假设：

假设 H2d：整合审计模式下，非国际四大的审计师对大规模客户收取整合审计收费折价。

7.2 研究设计

7.2.1 样本选取与数据来源

本章基于整合审计背景探讨审计关系错配与审计收费的关系，考虑到内部控制审计收费的可获取性，以 2011 ~ 2015 年沪深两市主板 A 股上市公司为研究样本。剔除金融行业公司、ST 及 * ST 公司以及控制变量数据缺失公司。基于本章研究审计师客户关系错配即大所审计小客户，小所审计大客户，本章中的大所仅指国际四大。将公司的营业收入从低到高进行排序，前 1/3 为小客户，后 1/3 为大客户。内部控制审计收费数据及部分与内部控制相关数据来自 DIB 内部控制与风险管理数据库，其余数据来自 CSMAR 与 WIND 数据库。为消除异常值的影响，对连续变量进行 1% 的缩尾处理。

7.2.2 变量定义

基于整合审计收费为财务报表审计收费加上内部控制审计收费之后的金额，故而整合审计收费的影响因素涵盖财务报表审计收费影响因素与内部控制审计收费影响因素，借鉴方红星、陈娇娇（2016）的研究，构建整合审计收费影响因素模型（7－1），具体变量解释见表7－1。

表7－1 变量说明

变量类别	变量名称	变量符号	变量含义
被解释变量	整合审计收费	IAFee	财务报表审计收费与内部控制审计收费金额之和的自然对数
解释变量	国际四大（大所）（审计师声誉）	Big4	国际四大，取值1；否则为0
	大所审计小客户	BS	国际四大审计小规模客户，取值为1；否则为0 （按样本公司收入规模从低到高排序，前1/3为小客户）
	小所审计大客户	SB	非国际四大审计大规模客户，取值为1；否则为0 （按样本公司收入规模从低到高排序，后1/3为大客户）
控制变量	存货/总资产	Inv	存货除以总资产
	应收账款/总资产	Rec	应收账款除以总资产
	连续财务报表审计	Tenure	连续财务报表审计取值为1；否则取值为0
	亏损	Loss	样本年度净利润小于零，取值为1；否则取值为0
	流动比率	CurRat	流动资产除以流动负债
	审计意见	Opin	审计师出具财务报表审计意见，非标准审计意见取值为1；标准审计意见取0
	内部控制质量	ICQ	DIB内部控制指数＋1取自然对数
	连续内部控制审计	CONT	连续内部控制审计取值为1；否则取值为0
	内部控制审计意见	ICAO	审计师出具内部控制审计意见，非标准审计意见取值为1；标准审计意见取值为0
	公司规模	Size	公司总资产的自然对数
	业务复杂度	Comp	纳入公司合并报表的子公司的平方根
	产权性质	SOE	实际控制人为国有股，取值为1；否则取值为0
	上市年限	Listyear	公司的上市年限

续表

变量类别	变量名称	变量符号	变量含义
控制变量	资产收益率	ROA	净利润除以总资产平均余额
	资产负债率	Lev	期末负债总额除以期末资产总额
	公司所在地	Locat	按照公司总部所在地划分为 3 个地区：东部地区；中部地区；西部地区
	年份	Year	虚拟变量
	行业	Ind	虚拟变量

7.2.3 模型构建

构建模型（7－1）来验证假设 H1，具体而言即为在前文章节的基础上，探究审计师客户关系错配对整合审计收费的影响。因此，本章节的被解释变量为整合审计收费，即财务报表审计收费与内部控制审计收费之和，而控制变量主要为前文实证研究的第 4 章与第 5 章的解释变量，具体而言即为将财务报表审计收费的解释变量以及控制变量与内部控制审计收费的解释变量以及控制变量作为整合审计收费的解释变量以及控制变量。在模型（7－1）的基础上加入新的解释变量 BS（大所审计小客户）与 SB（小所审计大客户），构建模型（7－2），以此来检验假设 H2 中的两对竞争假设。

$$
\begin{aligned}
IAFee = {} & \beta_0 + \beta_1 Big4 + \beta_2 Inv + \beta_3 Rec + \beta_4 Tenure + \beta_5 Loss \\
& + \beta_6 CurRat + \beta_7 Opin + \beta_8 ICQ + \beta_9 CONT + \beta_{10} ICAO \\
& + \beta_{11} Size + \beta_{12} Comp + \beta_{13} SOE + \beta_{14} Listyear + \beta_{15} ROA \\
& + \beta_{16} Lev + \beta_{17} Locat + \sum Year + \sum Ind + \xi \qquad (7-1)
\end{aligned}
$$

$$
\begin{aligned}
IAFee = {} & \beta_0 + \beta_1 Big4 + \beta_2 BS + \beta_3 SB + \beta_4 Inv + \beta_5 Rec \\
& + \beta_6 Tenure + \beta_7 Loss + \beta_8 CurRat + \beta_9 Opin \\
& + \beta_{10} ICQ + \beta_{11} CONT + \beta_{12} ICAO + \beta_{13} Size \\
& + \beta_{14} Comp + \beta_{15} SOE + \beta_{16} Listyear + \beta_{17} ROA \\
& + \beta_{18} Lev + \beta_{19} Locat + \sum Year + \sum Ind + \xi \qquad (7-2)
\end{aligned}
$$

7.3 实证分析

7.3.1 描述性统计分析

变量的描述性统计分析见表7-2。

表7-2　　变量的描述性统计

变量	平均值	标准差	最小值	25%分位	中位数	75%分位	最大值
IAFee	26.400	1.280	24.124	25.511	26.204	27.033	30.978
Big4	0.092	0.289	0.000	0.000	0.000	0.000	1.000
BS	0.034	0.181	0.000	0.000	0.000	0.000	1.000
SB	0.065	0.247	0.000	0.000	0.000	0.000	1.000
Inv	0.174	0.181	0.000	0.051	0.119	0.218	0.790
Rec	0.085	0.093	0.000	0.017	0.052	0.120	0.423
Tenure	0.505	0.500	0.000	0.000	1.000	1.000	1.000
Loss	0.126	0.332	0.000	0.000	0.000	0.000	1.000
CurRat	1.612	1.218	0.201	0.894	1.299	1.913	7.553
Opin	0.038	0.191	0.000	0.000	0.000	0.000	1.000
ICQ	6.251	1.199	0.000	6.411	6.499	6.561	6.769
CONT	0.160	0.367	0.000	0.000	0.000	0.000	1.000
ICAO	0.043	0.202	0.000	0.000	0.000	0.000	1.000
Size	22.638	1.328	19.549	21.767	22.525	23.438	26.472
Comp	4.260	2.038	1.000	2.828	3.873	5.292	11.576
SOE	0.731	0.444	0.000	0.000	1.000	1.000	1.000
Listyear	15.032	5.039	1.000	12.000	16.000	18.000	23.000
ROA	0.188	0.245	-0.116	0.034	0.068	0.288	0.862
Lev	0.520	0.201	0.092	0.372	0.526	0.675	0.931

基于本章的样本与前文的样本是同源的，故而此部分样本的描述性统计较之前面章节大致相同。整合审计收费均值为26.400，标准差为1.280，表明上市公司支付的整合审计收费差异较大。样本公司中国际四大比例占到9.2%，不足1/10，表明国际四大并未占据垄断地位，审

计市场竞争较为激烈。大所审计小客户的比例约为3.4%，即整合审计模式下国际四大匹配审计小规模客户将近占到3.4%；小所审计大客户的比例约为6.5%，即非国际四大匹配审计大规模客户的比例将近占到6.5%。上市公司施行连续财务报表审计的比例为50.5%略高于连续内部控制审计，内部控制审计是新兴的审计业务，施行时间较短。被出具非标准财务报告审计意见的比例为3.8%，稍低于被出具非标准内部控制审计意见的比例，两者的占比均较低，表明审计师对样本公司运营持乐观态度。国有上市公司占比达到73.1%，样本公司的上市年限均值高达15年，资产负债率均值为52%，财务风险较低。

7.3.2 相关性分析

变量的相关性分析见表7-3，不存在严重的多重共线性。

7.3.3 实证结果分析

表7-4中的第二列列示了模型（7-1）的回归结果，其中审计师声誉与整合审计收费在1%的水平上显著正相关，假设H1得到证实，国际四大基于其长期建立的品牌声誉在审计市场收取整合审计收费溢价。此外，模型回归结果中的公司规模、业务复杂程度、亏损等与整合审计收费呈显著正相关，符合直觉逻辑并与既有的研究结论一致。表7-4的第三列列示模型（7-2）的回归结果，即审计关系错配与整合审计收费回归结果，BS回归系数在1%的水平显著负相关，表明国际四大的审计师给予小规模客户整合审计收费折扣，假设H2b得到验证。国际四大的审计师具有规模经济效应，且小客户的业务复杂度较低，四大审计流程的程序化，提高审计资源利用率，降低单位审计成本，四大有更多的审计收费降低空间，将利润让渡于小客户，对小客户收取整合审计收费折价。SB的回归系数在1%的水平上显著正相关，表明非四大审计师对大规模客户整合审计收费溢价，假设H2c得到验证。非四大事务所为留住客户需要提供优质的审计质量，审计师增加审计资源投入；小规模事务所的风险识别与应对能力低于国际四大。面对相同程度的风险时，非四大事务所需要执行更多的审计程序进而直接增加审计工作量，耗费更多的审计工时付出额外的审计努力，收取整合审计收费溢价。

表7-3　变量相关性分析

	IAFee	Inv	Rec	Tenure	Loss	CurRat	Opin	SOE	Listyear	Big4	ICQ	CONT	ICAO	Size	Comp	ROA	LEV
IAFee		0.003	0.034 **	0.044 **	0.065 ***	-0.164 ***	0.073 ***	-0.045 ***	-0.058 ***	0.384 ***	-0.248 ***	-0.071 ***	-0.026	0.715 ***	0.589 ***	0.037 **	0.247 ***
		0.870	0.040	0.008	0.000	0.000	0.000	0.007	0.000	0.000	0.000	0.000	0.112	0.000	0.000	0.028	0.000
Inv	-0.009		0.103 ***	-0.017	-0.038 **	0.305 ***	-0.064 ***	-0.026	0.040 **	-0.068 ***	0.040 **	-0.006	-0.012	0.016	0.124 ***	-0.041 **	0.240 ***
	0.578	.	0.000	0.321	0.021	0.000	0.000	0.112	0.015	0.000	0.015	0.702	0.455	0.331	0.000	0.015	0.000
Rec	0.009	-0.073 ***		-0.043 ***	-0.002	0.143 ***	-0.017	-0.010	-0.116 ***	-0.012	0.030 *	-0.025	0.003	-0.111 ***	0.020	-0.008	-0.016
	0.597	0.000	.	0.010	0.892	0.000	0.306	0.534	0.000	0.462	0.075	0.140	0.862	0.000	0.241	0.628	0.323
Tenure	0.029 *	-0.026	-0.062 ***		-0.006	-0.011	-0.050 ***	-0.034 **	0.052 ***	0.029 *	0.001	0.052 ***	-0.032 *	0.002	0.048 ***	0.020	-0.041 **
	0.079	0.122	0.000	.	0.701	0.515	0.003	0.039	0.002	0.078	0.962	0.002	0.052	0.900	0.004	0.226	0.013
Loss	0.064 ***	-0.045 ***	-0.014	-0.006		-0.200 ***	0.251 ***	-0.009	0.048 ***	-0.069 ***	-0.427 ***	-0.007	0.175 ***	-0.114 ***	-0.133 ***	-0.237 ***	0.196 ***
	0.000	0.007	0.393	0.701	.	0.000	0.000	0.578	0.004	0.000	0.000	0.659	0.000	0.000	0.000	0.000	0.000
CurRat	-0.147 ***	0.072 ***	-0.008	-0.024	-0.083 ***		-0.101 ***	-0.134 ***	-0.023	-0.082 ***	0.062 ***	-0.029 *	0.011	-0.236 ***	-0.068 ***	0.019	-0.581 ***
	0.000	0.000	0.649	0.152	0.000	.	0.000	0.000	0.167	0.000	0.000	0.083	0.511	0.000	0.000	0.266	0.000
Opin	0.074 ***	-0.050 ***	-0.009	-0.050 ***	0.251 ***	-0.028 *		-0.049 ***	0.054 ***	-0.038 **	-0.265 ***	-0.039 **	0.389 ***	-0.116 ***	-0.110 ***	-0.040 **	0.123 ***
	0.000	0.003	0.583	0.003	0.000	0.093	.	0.003	0.001	0.022	0.000	0.018	0.000	0.000	0.000	0.016	0.000
SOE	-0.082 ***	-0.046 ***	-0.014	-0.034 **	-0.009	-0.114 ***	-0.049 ***		0.004	0.068 ***	0.097 ***	0.148 ***	-0.063 ***	0.127 ***	0.051 ***	-0.057 ***	0.089 ***
	0.000	0.006	0.409	0.039	0.578	0.000	0.003	.	0.829	0.000	0.000	0.000	0.000	0.000	0.002	0.001	0.000

续表

	IAFee	Inv	Rec	Tenure	Loss	CurRat	Opin	SOE	Listyear	Big4	ICQ	CONT	ICAO	Size	Comp	ROA	LEV
Listyear	-0.138 ***	0.113 ***	-0.086 ***	0.071 ***	0.065 ***	-0.051 ***	0.061 ***	0.043 ***		-0.086 ***	-0.074 ***	-0.043 ***	0.021	-0.126 ***	0.019	0.003	0.051 ***
	0.000	0.000	0.000	0.000	0.000	0.002	0.000	0.009	.	0.000	0.000	0.010	0.200	0.000	0.257	0.835	0.002
Big4	0.494 ***	-0.056 ***	-0.004	0.029 **	-0.069 ***	-0.056 ***	-0.038 **	0.068 ***	-0.112 ***		0.218 ***	0.031 *	-0.040 **	0.330 ***	0.157 ***	0.034 **	0.036 **
	0.000	0.001	0.810	0.078	0.000	0.001	0.022	0.000	0.000	.	0.000	0.064	0.015	0.000	0.000	0.044	0.031
ICQ	-0.069 ***	0.022	0.032 *	0.055 ***	-0.364 ***	0.038 **	-0.390 ***	0.033 **	-0.042 **	0.053 ***		0.054 ***	-0.455 ***	0.310 ***	0.250 ***	0.107 ***	-0.032 **
	0.000	0.192	0.056	0.001	0.000	0.024	0.000	0.049	0.013	0.002	.	0.001	0.000	0.000	0.000	0.000	0.056
CONT	-0.088 ***	-0.019	-0.025	0.052 ***	-0.007	-0.018	-0.039 **	0.148 ***	-0.019	0.031 *	0.030 *		-0.038 **	0.182 ***	0.110 ***	0.088 ***	0.017
	0.000	0.265	0.129	0.002	0.659	0.270	0.018	0.000	0.257	0.064	0.071	0.189 ***	0.019	0.000	0.000	0.000	0.314
ICAO	0.028 *	0.248 ***	0.040 **	0.030 *	0.001	-0.427 ***	0.062 ***	-0.063 ***	0.018	-0.040 **	-0.251 ***	-0.038 **		-0.053 ***	-0.071 ***	0.018	0.053 ***
	0.089	0.000	0.015	0.075	0.962	0.000	0.000	0.000	0.285	0.015	0.000	0.019		0.001	0.000	0.263	0.001
Size	0.753 ***	0.076 ***	-0.074 ***	0.001	-0.127 ***	-0.211 ***	-0.159 ***	0.157 ***	-0.176 ***	0.379 ***	0.120 ***	0.001	-0.084 ***		0.551 ***	0.049 ***	0.384 ***
	0.000	0.000	0.000	0.998	0.000	0.000	0.000	0.000	0.000	0.000	0.000	0.106	0.000	.	0.000	0.003	0.000
Comp	0.562 ***	0.121 ***	-0.029 *	0.021	-0.122 ***	-0.108 ***	-0.097 ***	0.041 **	-0.029 *	0.170 ***	0.109 ***	0.001 *	-0.064 ***	0.535 ***		0.058 ***	0.216 ***
	0.000	0.000	0.080	0.208	0.000	0.000	0.000	0.014	0.077	0.000	0.000	0.099	0.000	0.000	.	0.000	0.000

续表

	IAFee	Inv	Rec	Tenure	Loss	CurRat	Opin	SOE	Listyear	Big4	ICQ	CONT	ICAO	Size	Comp	ROA	LEV
ROA	0.039 **	0.076 ***	0.018	0.014	-0.030 *	-0.109 ***	0.031 *	-0.036 **	0.036 **	0.004	-0.023	0.001 **	-0.018	0.059 ***	0.047 ***		-0.048 ***
	0.020	0.000	0.286	0.408	0.075	0.000	0.065	0.029	0.029	0.797	0.173	0.014	0.262	0.000	0.005	.	0.004
LEV	0.236 ***	0.290 ***	0.070 ***	-0.043 ***	0.207 ***	-0.532 ***	0.141 ***	0.089 ***	0.086 ***	0.036 **	-0.146 ***	0.395 **	0.053 ***	0.338 ***	0.197 ***	0.197 ***	
	0.000	0.000	0.000	0.010	0.000	0.000	0.000	0.000	0.000	0.032	0.000	-0.016	0.001	0.000	0.000	0.000	.

注：右上角为 Pearson 相关系数；左下角为 Spearman 相关系数。*** 表示在 1% 的水平上显著；** 表示在 5% 的水平上显著；* 表示在 10% 的水平上显著。

表7-4　　　　审计关系错配与整合审计收费回归结果

变量	模型（7-1）	模型（7-2）
Intercept	13.587*** (38.734)	14.675*** (40.117)
Big4	1.077*** (23.264)	1.421*** (23.870)
BS		-0.622*** (-7.316)
SB		0.422*** (7.490)
Inv	-0.386*** (-3.636)	-0.396*** (-3.778)
Rec	0.462*** (2.805)	0.463*** (2.847)
Tenure	0.050** (2.080)	0.053** (2.206)
Loss	0.118*** (2.868)	0.099** (2.424)
CurRat	0.023 (1.607)	0.020 (1.471)
Opin	0.094 (1.294)	0.081 (1.130)
ICQ	-0.011 (-0.892)	-0.016 (-1.299)
CONT	-0.156*** (-4.605)	-0.166*** (-4.964)
ICAO	0.073 (1.064)	0.048 (0.710)
Size	0.542*** (37.911)	0.493*** (32.773)
Comp	0.153*** (19.807)	0.148*** (19.386)

续表

变量	模型（7-1）	模型（7-2）
SOE	-0.043 (-1.428)	-0.043 (-1.454)
Listyear	0.002 (0.707)	0.002 (0.801)
ROA	-0.166 (-1.531)	-0.169 (-1.580)
Lev	0.192* (1.867)	0.180* (1.775)
Locat	YES	YES
Year	YES	YES
Ind	YES	YES
Adjusted R^2	0.698	0.706
F	130.029	130.862
N	3613	3613

注：*** 表示在1%的水平上显著相关；** 表示在5%的水平上显著相关；* 表示在10%的水平上显著相关。

7.4　进一步研究

7.4.1　假设提出

深入探究审计关系错配对整合审计收费的影响。考察国际四大的审计师对小客户给予整合审计收费折价，非国际四大的审计师对大客户收取整合审计收费溢价的原因。客户的盈余质量的高低与其风险存在一定的逻辑关系。因此，基于盈余管理的视角探究审计关系错配对整合审计收费的影响。

审计师与客户均有其自身的利益取向，整合审计却是自愿进行的，审计师与客户之间是双向自愿选择。审计市场中审计师与客户通过市场机制进行双向选择完成审计契约的签订，审计师进行客户选择时权衡审计风险与审计收费，期望低风险高收费。公司期望支付较低的审计费用获取高质量的审计服务及合意的审计意见。国际四大凭借其长久的历史与高审计质量树立公认的品牌声誉，在中国审计市场亦是维持其良好的执业形象。基于维护审计声誉及规避审计风险视角，面对日益增加的法律诉讼风险，审计师不仅需要遵守职业准则客观、独立、谨慎执业，审计师客户匹配时会重点考虑客户的风险水平。享有国际美誉的四大事务所倾向于将正面信息传递到审计市场中，因此，对客户的盈余操纵容忍度较低。此外，高额的整合审计收费意味着审计师在整合审计中付出额外的审计努力，投入大量的审计资源。因此，审计师为提高审计质量降低审计风险，对风险高的客户会收取审计风险溢价收入。国际四大的声誉资本较高，对声誉损失更为敏感。国际四大为维护声誉内在动机提高审计质量降低审计风险，在客户选择时更为谨慎。从审计师角度而言被审计单位的盈余质量较高，审计风险较低，可降低审计资源的投入，进而将审计收益的一部分让渡给被审计单位，实现互利共赢。从客户角度而言客户的盈余质量较高，基于信号机制聘任声誉高的国际四大的审计师，向资本市场传递运营良好的信号以区别于其他单位。品牌声誉度高的国际四大发表的审计意见较为权威，受到客户的青睐。因此提出如下假设：

假设 H3：整合审计模式下，国际四大的审计师对盈余质量高的小客户给予整合审计收费折价。

审计师在执行整合审计时，从财务报表审计程序中获取的审计知识与内部控制审计知识相互溢出，内部控制审计收费与财务报表审计收费两者之间互为正向影响的交叉补贴关系使得整合审计收费增加，客户支付的整合审计收费越高，审计师承担的审计风险越大，引发审计失败的可能性越高，潜在的诉讼损失越大。审计师期望在审计市场树立良好的正面形象，因此，对被审计单位盈余管理操控的容忍程度较低。从审计师角度而言被审计单位的盈余质量较低，内部控制风险与财务报表错报风险较高，进而增加整合审计风险。审计师需付出更多的审计努力，投入大量的审计资源，进而收取高额的审计收费溢价。反之，若是审计师审计高盈余质量的大客户，基于客户的风险较低，审计师可节约审计资源投入，给予客户整合审计收费折扣。因此，提出如下假设：

假设 H4：整合审计模式下，非国际四大的审计师对盈余质量高的大客户给予整合审计收费折价。

7.4.2 模型构建

为验证假设 H3 与假设 H4，在模型（7－2）的基础上加入盈余质量（EM）构建模型（7－4）。采用基本琼斯模型衡量客户公司的盈余质量，具体见模型（7－3），其中：$TA_{i,t}$代表公司 i 第 t 年的总应计利润；$A_{i,t-1}$代表公司 i 第 t－1 年期末资产总额；$\Delta REV_{i,t}$代表公司 i 第 t 年的营业收入与第 t－1 年的营业收入差额；$PPE_{i,t}$代表公司 i 第 t 年的固定资产净值；依据模型（7－3）求出的残差绝对值，并将 EM 值分行业分年度低于均值取值为 1（盈余质量高），高于均值取值为 0（盈余质量低）。

$$\frac{TA_{i,t}}{A_{i,t-1}} = \alpha_1 \frac{1}{A_{i,t-1}} + \alpha_2 \frac{\Delta REV_{i,t}}{A_{i,t-1}} + \alpha_3 \frac{PPE_{i,t}}{A_{i,t-1}} + \xi_{i,t} \qquad (7-3)$$

$$\begin{aligned} IAFee = {} & \beta_0 + \beta_1 Big4 + \beta_2 BS + \beta_3 SB + \beta_4 EM + \beta_5 BS \times EM \\ & + \beta_6 SB \times EM + \beta_7 Inv + \beta_8 Rec + \beta_9 Tenure + \beta_{10} Loss \\ & + \beta_{11} CurRat + \beta_{12} Opin + \beta_{13} ICQ + \beta_{14} CONT \\ & + \beta_{15} ICAO + \beta_{16} Size + \beta_{17} Comp + \beta_{18} SOE \\ & + \beta_{19} Listyear + \beta_{20} ROA + \beta_{21} Lev + \beta_{22} Locat \\ & + \sum Year + \sum Ind + \xi \qquad (7-4) \end{aligned}$$

7.4.3 实证结果分析

表 7－5 列示基于客户盈余质量视角探究审计关系错配对整合审计收费影响的回归结果。模型（7－4）中 BS 的回归系数显著为负，即国际四大的审计师给予小规模客户整合审计收费折价，而 BS × EM 的系数显著为负，表明国际四大的审计师对高盈余质量的小客户收取整合审计收费折价，验证了假设 H3。模型（7－4）中 SB 的系数显著为正，而 SB × EM 的系数显著为负，表明非国际四大的审计师对高盈余质量的大客户收取整合审计收费折价，验证了假设 H4。这与章永奎、刘峰（2002）的研究结论一致，审计师具备识别上市公司盈余管理的能力。可操控应计一定程度上反映审计风险的高低，审计风险直接影响审计收费。整合审计模式下审计师对客户的盈余管理行为予以充分的关注，因

此当审计师审计盈余管理程度高（盈余质量低）的客户时，面临更高的审计风险，需要执行更为细致详尽的财务报表与内部控制审计程序，付出更多的审计努力，收取高额整合审计收费。反之，审计师审计盈余质量高的客户时，基于其高质量的盈余给予整合审计收费折价。

表 7-5　　审计关系错配、盈余质量与整合审计收费回归结果

变量	模型（7-4）
Intercept	15.102*** (37.580)
Big4	1.422*** (23.898)
BS	-0.818*** (-6.466)
SB	0.340*** (4.548)
EM	0.027 (1.073)
BS×EM	-0.282** (-2.019)
SB×EM	-0.164* (-1.708)
Inv	-0.384*** (-3.665)
Rec	0.459*** (2.825)
Tenure	0.049** (2.022)
Loss	0.100** (2.465)
CurRat	0.020 (1.433)
Opin	0.087 (1.224)

续表

变量	模型（7-4）
ICQ	-0.014 (-1.207)
CONT	-0.166*** (-4.955)
ICAO	0.045 (0.660)
Size	0.493*** (32.800)
Comp	0.147*** (19.276)
SOE	-0.045 (-1.524)
Listyear	0.002 (0.744)
ROA	-0.161 (-1.504)
Lev	0.173* (1.711)
Locat	YES
Year	YES
Ind	YES
Adjusted R^2	0.707
F	125.504
N	3613

注：*** 表示在 1% 的水平上显著相关；** 表示在 5% 的水平上显著相关；* 表示在 10% 的水平上显著相关。

7.5　稳健性检验

我国审计收费存在政府指导价的“固化”现象（谌嘉席，2014），非预期审计收费能更好地反映审计师对审计风险的认知进而规避审计收费“固化”效应（蔡利等，2015）。迪丰等（2002）较早采用审计收费残差来衡量审计师租金（租金代指审计师与客户之间的经济联系或者超额利润），使用各种代理变量来替代审计租金（审计收费残差、非审计收费残差、总收费残差）。金尼和利比（2002）、斯里尼迪和古尔（2006）、霍普和朗力（2010）将审计收费残差作为审计师超额租金，提倡采用审计收费残差来衡量审计师与客户之间的经济联系。埃特雷奇和格林伯格（1990）采用审计收费残差来衡量生产效率：正审计收费残差表明相较于其他审计师该审计师是低效生产者；负审计收费残差表明其是高效生产者。哈波尔等（2014）认为正审计收费残差是审计师的额外努力或者是当审计师面临低质量财务报告的客户时收取的风险溢价。

本书进行稳健性检验时，采用模型（7－1）回归残差（Fee）替代整合审计收费，依据收费残差的大小来衡量整合审计收费的高低。审计关系错配变量仍然采用 BS（大所审计小客户）与 SB（小所审计大客户），但是将客户的规模进行不同的分类来进行稳健性检验。具体而言：①将公司收入按样本公司收入规模从低到高排序，后 1/3 为大客户；前 1/3 为小客户。②将公司收入按样本公司收入规模从低到高排序，前 1/2 为小客户，后 1/4 为大客户。构建模型（7－5）进行稳健性检验。具体检验结果详见表 7－6。

$$Fee = \lambda_0 + \lambda_1 BS + \lambda_2 SB + \lambda_i Year + \lambda_j Ind + \xi \qquad (7-5)$$

表 7－6　　审计关系错配与整合审计收费稳健性检验结果

变量	检验（1）	检验（2）
Intercept	0.244 (1.359)	0.223 (1.237)
BS	-0.306*** (-4.557)	-0.255** (-2.505)
SB	0.291*** (5.853)	0.077** (2.416)
Year	YES	YES
Ind	YES	YES
Adjusted R^2	0.064	0.053

续表

变量	检验（1）	检验（2）
F	5.097	4.122
N	3613	3613

注：*** 表示在1%的水平上显著相关；** 表示在5%的水平上显著相关；* 表示在10%的水平上显著相关。

表7－6列示稳健性检验的回归结果。其中第二列与第三列列示采用不同的公司规模分类后的稳健性回归检验结果。模型（7－5）中BS的回归系数显著负相关，验证了假设H2b，国际四大的审计师对小规模客户收取整合审计收费折价；SB的回归系数显著正相关，验证了假设H2c，非国际四大的审计师对大规模客户收取整合审计收费溢价。

在模型（7－5）的基础上加入变量EM交乘项构建模型（7－6）作为前文假设H3与H4的稳健性检验。变量EM采用前文的分类即EM值分行业分年度低于均值取值为1（盈余质量高），高于均值取值为0（盈余质量低）。具体检验结果见表7－7。

$$Fee = \lambda_0 + \lambda_1 BS + \lambda_2 SB + \lambda_3 EM + \lambda_4 BS \times EM + \lambda_5 SB \times EM + \lambda_i Year + \lambda_j Ind + \xi \quad (7-6)$$

表7－7 审计关系错配、盈余质量与整合审计收费稳健性检验结果

变量	模型（7－6）
Intercept	0.666*** （2.630）
BS	－0.500*** （－4.326）
SB	0.210*** （3.020）
EM	0.025 （1.029）
BS×EM	－0.280** （－1.997）

续表

变量	模型（7－6）
SB×EM	－0.159* （－1.655）
Year	YES
Ind	YES
Adjusted R^2	0.067
F	5.001
N	3613

注：*** 表示在 1% 的水平上显著相关；** 表示在 5% 的水平上显著相关；* 表示在 10% 的水平上显著相关。

表 7－7 列示审计关系错配、盈余质量与整合审计收费稳健性检验结果，模型（7－6）中 BS 的回归系数显著为负，BS×EM 的回归系数在 5% 的水平上显著负相关，验证了假设 H3；SB 的回归系数显著为正，SB×EM 的回归系数在 10% 的水平上显著负相关，验证了假设 H4。整合审计模式下财务报表审计与内部控制审计的协同作用能帮助审计师识别上市公司的盈余管理行为，对盈余质量高的客户收取整合审计收费折价。

7.6 本章小结

现有的审计关系研究多从审计师客户双方高端配高端、低端配低端的匹配视角展开研究，本章另辟蹊径结合国内本土审计市场特点，基于整合审计背景研究审计关系错配与整合审计收费，研究发现国际四大的审计师给予小规模客户整合审计折价；非四大的审计师对大规模客户收取整合审计收费溢价。深入探讨其成因发现盈余质量在其中起到关键作用。基于维护审计声誉及规避审计风险视角，面对日益增加的法律诉讼风险，审计师客户匹配时会重点考虑客户的风险水平。客户的盈余质量的高低与其风险存在一定的逻辑关系。因此，审计师为提高审计质量降低审计风险，对风险高的客户会收取审计风险溢价收入，将部分超额利润让渡风险低的客户给予其收费折扣。国际四大的审计师若是未与大规模客户匹配，可能源于审计师在风险评估时识别了被审计单位的高风险，从而选择盈余质量高的小客户进行配对，并给予其整合审计收费折价。

研究结论提供审计关系错配与整合审计收费的经验证据，有助于厘清整合审计模式下审计师客户筛选策略，弥补现有的审计师客户选择行为研究的不足，补充整合审计经济后果研究文献；有助于洞察审计市场供需双方的策略性行为，理解资本市场中审计师行为选择，深度了解整合审计收费决定因素，制定合理的收费区间；基于两类审计业务之间的知识溢出效应，故而审计师在执行整合审计时将会有效发觉上市公司的盈余管理行为。有助于监管部门深入了解执行整合审计的经济后果，为进一步推行整合审计提供参考，为制定科学的监管策略提供经验证据。国际四大所收取整合审计收费溢价给本土所的启示是需要加大本土事务所品牌建设国际化力度。审计市场是声誉市场，审计师声誉是在审计市场竞争中取胜的重要因素。国内事务所声誉与品牌建设任重道远，实现品牌竞争不是一蹴而就而是长期的品牌建设过程，需要加大本土所品牌建设国际化力度。事务所应重视声誉建设，提升竞争力、建立更为专业的职业团队、更为科学合理的审计方法，才能在整合审计市场中拥有审计定价主导权。

第 8 章　审计师变更与整合审计收费研究

随着内部控制审计相关指引的分期分批执行，上市公司逐步迈入内部控制审计时代。鉴于两类审计业务之间存在知识溢出效应，越来越多的公司倾向于聘任同一家事务所同时执行财务报表审计与内部控制审计即整合审计或称同所审计，上市公司需要向同一家事务所支付财务报表审计收费与内部控制审计收费，即整合审计收费。整合审计收费在数量上等价于财务报表审计收费与内部控制审计收费的金额之和。考察审计收费时，只有全面考虑整合审计下的两类审计收费，才能更全面、更准确地把握审计定价形成过程中审计师和被审计单位双方的行为和决策。前文第 7 章主要探讨整合审计模式下审计师客户关系对整合审计收费的影响，主要聚焦于整合审计市场中整合审计业务供需双方即审计师与客户视角。本章主要探讨整合审计模式下审计师变更与整合审计收费，聚焦于整合审计业务供给方即审计师视角，探讨整合审计模式下审计师变更是否会对整合审计收费产生影响。

既有研究文献中，但凡涉及审计师变更与审计收费相关研究，一般会紧密联系初始审计定价折扣问题。初始审计定价折扣，也称低价揽业指发生审计师变更业务时后任审计师初次接受审计业务时以明显低于耗费的审计成本的价格达成审计契约行为。1978 年“科恩报告”最早关注初始审计定价折扣现象，“科恩报告”中对初始审计定价折扣进行了较为深刻的解读，认为审计师变更时后任审计师对客户收取的低于审计成本的审计收费即为给予客户的审计收费折扣，其背后的深层机理是审计师提前向客户交付抵押金，而当审计师与客户存在较多分歧最终签发于客户不利的审计意见时，那么客户采取的应对之策为没收抵押金，由此来威胁审计师迫使其出具妥协改善审计意见。因此，可能损害审计独立性，这与 AICPA 观点一致，于是强制要求上市公司披露过低的审计收费信息。既有相关文献中对初始审计定价折扣有两大主流竞争理论，分别为德安杰洛（1981）提出的交易成本观与戴伊（Dye，1991）提出的信息观。本章基于上述两大竞争理论假说，采用 2011 ~ 2015 年沪深主板分开披露两类审计收费并执行整合审计的上市公司为研究样本，探讨整合审计模式下审计师变更与整合审计收费，试图解决以下问题：整合审计市场中是否存在初始整合审计收费折扣问题，即当审计师发生变更时后任审计师是否给予上市公司整合审计收费折扣？交易成本论与信息披露理论究竟哪一个的解释力度更强？初始审计定价折扣究竟是正当的审计市场竞争行为抑或是恶意低价揽业行为？究竟审计师的变更方向是否会对整合审计收费带来差异化的影响？本章在扩充审计收费研究视野的同时，也可为监管机构提供政策建议。

8.1　理论分析与研究假设

德安杰洛（1981）基于交易成本视角创建审计市场低价揽业理论是依托于如下三大假设：①审计市场竞争类型是完全竞争。②发生审计师变更时，审计师与客户均会发生初始启动成本。③审计师在未来的聘约期内掌握全部议价权。德安杰洛（1981）的交易成本观认为初始审计定价折扣是审计师为获取未来长期审计契约带来的准租金而采取的理性的市场竞争应对之策。初始审计定价折扣成因在于初始审计启动成本以及交易成本，诸如发生审计师变更客户需要在纷繁复杂的审计市场中寻找合意的审计师，耗费高额的搜寻成本；审计师变更起到信号传递作用，可能引发不利的资本市场反应成本；客户与新聘任审计师进行合作的摩擦成本等。初始审计的启动成本与交易成本使得客户厌烦变更审计师，审计师与客户形成“锁定效应”即经济依赖。初始审计定价折扣的重要基础在于审计师期望在未来较长的年限内获得客户的聘约，长期连续审计客户获取客户的青睐，可用未来长期聘约内获取的收益来弥补初始签订审计契约时给予的低于审计成本的审计收费折扣而造成的前期损失。在未来的连续审计任期内，审计师可节约审计师变更的初始审计启动成本与交易成本，获得成本优势，故而在未来签订审计契约时可基于成本的优势将审计定价定得高于审计成本之上来赚取准租金，弥补前期折损的定价折扣。此时审计定价中的准租金（quasi rent）的经济含义是指当审计师提供审计业务创造相同的产出时，前任审计师与后任审计师耗费的成本的差额，即当审计师执行连续审计业务时可节约审计师变更的启动成本与交易成本，而一旦客户变更审计师则后聘任的审计师需要耗费相关成本。准租金充分体现“学习曲线”在初始审计定价折扣中的作用。初始审计定价折扣暗含着审计师与客户未来长期合作的隐含表达。

戴伊（1991）的信息观认为初始审计定价折扣并非是德安杰洛（1981）提出的因审计师变更的交易成本而引起的，因此戴伊不赞成德安杰洛（1981）的交易成本观。主要依据在于，交易成本观假定审计师与客户签订长期契约，双方会自发维护审计契约关系，从而增加现任审计师议价能力，现任审计师未来期间提升审计收费获取准租，隐含着审计师掌握未来聘约期内的全部议价能力。但是在现实审计实务中审计定价主导权并非全部掌握在审计师手中，客户也拥有相当的讨价还价能力。如果审计定价权全部掌握在客户手中时，审计师仅能收取不高于成本的审计收费，此时准租金与初始审计收费折扣均会消失。故而，戴伊（1991）另辟蹊径将审计师与客户议价权进行内在化以此来深入探究审计收费信息公开披露之后准租金给审计独立性及审计收费带来的影响。通常而言当审计师不从客户之处收取准租金时公司外部信息使用者才认同此时的审计独立性较强。审计收费信息在资本市场中公开披露正好满足此种情况，即外部信息使用者可以依据公开披露的审计收费信息合理推断出准租金，故而，主张公开对外披露审计收费信息以期有效地消除审计师收取的准租金。反之，若是外部信息使用者不能公开获取准租金相关信息时，客户可能向审计师支付准租金获取合意的审计报告进而产生初始审计收费折扣行为，可能会损害审计独立性。综合而言，戴伊（1991）信息观认为初始审计收费折扣产生的根源在于准租金信息的不可公开获取性，一旦公开披露与准租金密切相关的审计收费信息将会直接增加其透明度与公开获取性，至此将有助于降低甚至消除初始审计收费折扣问题。换言之，德安杰洛（1981）交易成本观认为初始审计收费折扣是由于发生审计师变更时的交易成本而引起的，因此是普遍存在的，而戴伊（1991）的信息观认为当提升审计收费信息披露透明度增强其可获取性将有效地缓解甚至消除初始审计收费折扣现象。

基于财务报表审计与内部控制审计的协同效应及知识溢出效应，多数公司倾向于聘任同一家事务所执行整合审计，那么公司应当向事务所支付两类审计的报酬即整合审计收费。其数量上等价于财务报表审计收费与内部控制审计收费的金额之和。同时结合本书的研究主题，考察审计收费时需要全面考虑整合审计下的两类审计收费，才能更好地把握审计定价形成过程中审计师和被审计单位双方的行为和决策。综合考虑本书的研究背景以及上文对德安杰洛（1981）交易成本观以及戴伊（1991）信息观的深度解析，因此，提出如下竞争假设：

假设H1：审计师签订初始整合审计契约时将会给予客户整合审计收费折扣，即审计师变更与整合审计收费负相关。

假设H2：审计师签订初始整合审计契约时不会给予客户整合审计收费折扣，即审计师变更与整合审计收费不呈负相关。

8.2　研究设计

8.2.1　样本选取与数据来源

本章的研究样本是2011～2015年沪深主板分开披露财务报表审计收费与内部控制审计收费并实施整合审计的上市公司，并进行以下筛选：①剔除ST和＊ST公司。②剔除金融类上市公司。③剔除数据缺失公司。内部控制审计费用数据来自DIB内部控制与风险管理数据库，财务数据来自CSMAR数据库与WIND数据库。

8.2.2　变量定义

本章的变量解释具体见表8－1变量说明。

表8－1　　　　变量说明

变量类别	变量符号	变量名称	变量含义
被解释变量	IAFee	整合审计收费	财务报表审计收费与内部控制审计收费之和的自然对数

续表

变量类别	变量符号	变量名称	变量含义
解释变量	NEW	审计师变更	样本年度审计师变更，取值为1；否则取值为0
	B4TB4	四大平行变更为四大	当四大的审计师平行变更时取值为1；否则取值为0
	NB4TB4	非四大升级变更为四大	当非四大的审计师升级变更为四大的审计师时取值为1；否则取值为0
	B4TNB4	四大降级变更为非四大	当四大的审计师降级变更为非四大的审计师时取值为1；否则取值为0
	NB4TNB4	非四大审计师平行变更	当非四大的审计师平行变更时取值为1；否则取值为0
	B10TB10	十大平行变更为十大	当十大的审计师平行变更时取值为1；否则取值为0
	NB10TB10	非十大升级变更为十大	当非十大的审计师升级变更为十大的审计师时取值为1；否则取值为0
	B10TNB10	十大降级变更为非十大	当十大的审计师降级变更为非十大的审计师时取值为1；否则取值为0
	NB10TNB10	非十大审计师平行变更	当非十大的审计师平行变更时取值为1；否则取值为0
控制变量	Size	公司规模	公司总资产的自然对数
	Comp	业务复杂度	纳入公司合并报表的子公司的平方根
	SOE	产权性质	实际控制人为国有股取值为1；否则取值为0
	Inv	存货/总资产	存货除以总资产
	Rec	应收账款/总资产	应收账款除以总资产
	Loss	亏损	样本年度净利润小于零取值为1；否则取值为0
	Opin	审计意见	事务所出具财务报表审计意见，非标准审计意见取值为1；标准审计意见取值为0
	Listyear	上市年限	公司的上市年限

续表

变量类别	变量符号	变量名称	变量含义
控制变量	CurRat	流动比率	流动资产除以流动负债
	ICQ	内部控制质量	DIB 内控指数 +1 取自然对数
	ICAO	内部控制审计意见	事务所出具内部控制审计意见，非标准审计意见取1；标准审计意见取0
	ROA	资产收益率	净利润除以总资产平均余额
	Lev	资产负债率	期末负债总额除以期末资产总额
	Locat	公司所在地	按照公司总部所在地划分为3个地区：东部地区；中部地区；西部地区
	Year	年份	虚拟变量
	Ind	行业	虚拟变量

8.2.3　模型构建

借鉴西穆尼奇（1980），西蒙和弗朗西斯（1988），方红星、陈娇娇（2016）构建模型（8-1）来检验整合审计市场中审计师是否给予初始整合审计收费折扣。

$$\begin{aligned} IAFee = {} & \beta_0 + \beta_1 NEW + \beta_2 Size + \beta_3 Comp + \beta_4 SOE + \beta_5 Inv \\ & + \beta_6 Rec + \beta_7 Loss + \beta_8 Opin + \beta_9 Listyear + \beta_{10} CurRat \\ & + \beta_{11} ICQ + \beta_{12} ICAO + \beta_{13} ROA + \beta_{14} Lev + \beta_{15} Locat \\ & + \beta_i Year + \beta_j Ind + \xi \end{aligned} \tag{8-1}$$

8.3　实证结果分析

8.3.1　描述性统计分析

样本变量的描述性统计结果见表8-2。

表 8－2　　　　全样本变量描述性统计结果

变量	平均值	标准差	最小值	25%分位	中位数	75%分位	最大值
IAFee	26.400	1.280	24.124	25.511	26.204	27.033	30.978
NEW	0.079	0.270	0.000	0.000	0.000	0.000	1.000
Size	22.638	1.328	19.549	21.767	22.525	23.438	26.472
Comp	4.260	2.038	1.000	2.828	3.873	5.292	11.576
SOE	0.731	0.444	0.000	0.000	1.000	1.000	1.000
Inv	0.174	0.181	0.000	0.051	0.119	0.218	0.790
Rec	0.085	0.093	0.000	0.017	0.052	0.120	0.423
Loss	0.126	0.332	0.000	0.000	0.000	0.000	1.000
Opin	0.038	0.191	0.000	0.000	0.000	0.000	1.000
Listyear	15.032	5.039	1.000	12.000	16.000	18.000	23.000
CurRat	1.612	1.218	0.201	0.894	1.299	1.913	7.553
ICQ	6.251	1.199	0.000	6.411	6.499	6.561	6.769
ICAO	0.043	0.202	0.000	0.000	0.000	0.000	1.000
ROA	0.188	0.245	－0.116	0.034	0.068	0.288	0.862
Lev	0.520	0.201	0.092	0.372	0.526	0.675	0.931

表 8－2 列示构建的实证模型中全样本变量的描述性统计结果，从中清晰可见整合审计收费自然对数的最小值为 24.124，最大值为 30.978，标准差为 1.280，初步表明样本公司整合审计收费波动性较大，差异性也较高各有千秋。样本年度内将近 7.9% 的上市公司聘任了新的审计师为其提供整合审计服务，整体而言变更审计师的公司所占比率较低，整合审计契约较为稳定。公司规模的标准差为 1.328，整体来说样本公司规模大小不等存在较大的差异。产权性质中国有控股公司占比高达 73.1%，初步表明国有上市公司施行整合审计的比例较高。样本公司上市年限均值高达 15 年，上市年限较长，有着较为稳定的内部控制建设基础。

表 8－3 详细列示区分审计师变更组与非变更组的变量描述性统计结果以及组间均值差异检验结果。从单变量的检验结果来看，审计师变更组的整合审计收费均值略微低于未变更审计师组，但是就均值差异检

验来看两者并未存在显著的差异，单变量检验结果初步表明整合审计模式下并未发生初始整合审计收费折扣现象。审计师变更组与非变更组的变量中仅产权性质、存货占总资产比重、内部控制质量、非标准内部控制审计意见、资产收益率以及资产负债率存在显著差异，其余变量并未存在统计意义上的差异。

表8-3　　变量均值差异检验（审计师变更组与非变更组）

	非变更组			审计师变更组			
变量	样本数	平均值	标准差	样本数	平均值	标准差	均值检验
IAFee	3328	26.406	1.274	285	26.329	1.349	0.976
Size	3328	22.639	1.328	285	22.616	1.329	0.292
Comp	3328	4.273	2.043	285	4.101	1.979	1.374
SOE	3328	0.727	0.446	285	0.775	0.418	-1.775*
Inv	3328	0.172	0.180	285	0.194	0.188	-1.923*
Rec	3328	0.085	0.093	285	0.084	0.090	0.102
Loss	3328	0.126	0.332	285	0.130	0.337	-0.177
Opin	3328	0.037	0.189	285	0.046	0.209	-0.709
Listyear	3328	15.064	5.060	285	14.664	4.774	1.284
CurRat	3328	1.612	1.219	285	1.609	1.200	0.039
ICQ	3328	6.281	1.117	285	5.897	1.877	5.219***
ICAO	3328	0.039	0.194	285	0.081	0.273	-3.320***
ROA	3328	0.191	0.245	285	0.159	0.236	2.076**
Lev	3328	0.518	0.200	285	0.550	0.208	-2.606***

8.3.2　相关性分析

表8-4列示变量相关性分析结果。变量之间不存在严重的多重共线性。

表 8-4 变量相关性分析

		IAFee	NEW	Inv	Rec	Loss	CurRat	Opin	SOE	Listyear	ICQ	Size	Comp	ROA	LEV
IAFee			-0.011	0.003	0.034 **	0.065 ***	-0.164 ***	0.073 ***	-0.045 ***	-0.058 ***	-0.248 ***	0.715 ***	0.589 ***	0.037 **	0.247 ***
			0.510	0.870	0.040	0.000	0.000	0.000	0.007	0.000	0.000	0.000	0.000	0.028	0.000
NEW		-0.028 *		0.032 *	-0.002	0.003	-0.003	0.012	0.030 *	-0.021	-0.086 ***	-0.003	-0.022	-0.032 *	0.043 ***
		0.095	.	0.057	0.881	0.860	0.876	0.479	0.076	0.203	0.000	0.839	0.177	0.055	0.010
Inv		-0.009	0.037 **		0.103 ***	-0.038 **	0.305 ***	-0.064 ***	-0.026	0.040 **	0.040 **	0.016	0.124 ***	-0.041 **	0.240 ***
		0.578	0.026	.	0.000	0.021	0.000	0.000	0.112	0.015	0.015	0.331	0.000	0.015	0.000
Rec		0.009	0.007	-0.073 ***		-0.002	0.143 ***	-0.017	-0.010	-0.116 ***	0.030 *	-0.111 ***	0.020	-0.008	-0.016
		0.597	0.693	0.000	.	0.892	0.000	0.306	0.534	0.000	0.075	0.000	0.241	0.628	0.323
Loss		-0.064 ***	0.003	-0.045 ***	-0.014		-0.200 ***	0.251 ***	-0.009	0.048 ***	-0.427 ***	-0.114 ***	-0.133 ***	-0.237 ***	0.196 ***
		0.000	0.860	0.007	0.393	.	0.000	0.000	0.578	0.004	0.000	0.000	0.000	0.000	0.000
CurRat		-0.147 ***	0.002	0.072 ***	-0.008	-0.083 ***		-0.101 ***	-0.134 ***	-0.023	0.062 ***	-0.236 ***	-0.068 ***	0.019	-0.581 ***
		0.000	0.918	0.000	0.649	0.000	.	0.000	0.000	0.167	0.000	0.000	0.000	0.266	0.000
Opin		0.074 ***	0.012	-0.050 ***	-0.009	0.251 ***	-0.028 *		-0.049 ***	0.054 ***	-0.265 ***	-0.116 ***	-0.110 ***	-0.040 **	0.123 ***
		0.000	0.479	0.003	0.583	0.000	0.093	.	0.003	0.001	0.000	0.000	0.000	0.016	0.000
SOE		-0.082 ***	0.030 *	-0.046 ***	-0.014	-0.009	-0.114 ***	-0.049 ***		0.004	0.097 ***	0.127 ***	0.051 ***	-0.057 ***	0.089 ***
		0.000	0.076	0.006	0.409	0.578	0.000	0.003	.	0.829	0.000	0.000	0.002	0.001	0.000

续表

	IAFee	NEW	Inv	Rec	Loss	CurRat	Opin	SOE	Listyear	ICQ	Size	Comp	ROA	LEV
Listyear	-0.138 ***	-0.030 *	0.113 ***	-0.086 ***	0.065 ***	-0.051 ***	0.061 ***	0.043 ***		-0.074 ***	-0.126 ***	0.019	0.003	0.051 ***
	0.000	0.070	0.000	0.000	0.000	0.002	0.000	0.009	.	0.000	0.000	0.257	0.835	0.002
ICQ	0.069 ***	-0.009	0.022	0.032 *	-0.364 ***	0.038 **	-0.390 ***	0.033 **	-0.042 **		0.310 ***	0.250 ***	0.107 ***	-0.032 **
	0.000	0.583	0.192	0.056	0.000	0.024	0.000	0.049	0.013	.	0.000	0.000	0.000	0.056
Size	0.753 ***	-0.002	0.076 ***	-0.074 ***	-0.127 ***	-0.211 ***	-0.159 ***	0.157 ***	-0.176 ***	0.120 ***		0.551 ***	0.049 ***	0.384 ***
	0.000	0.886	0.000	0.000	0.000	0.000	0.000	0.000	0.000	0.000	.	0.000	0.003	0.000
Comp	0.562 ***	-0.022	0.121 ***	-0.029 *	-0.122 ***	-0.108 ***	-0.097 ***	0.041 **	-0.029 *	0.109 ***	0.535 ***		0.058 ***	0.216 ***
	0.000	0.191	0.000	0.080	0.000	0.000	0.000	0.014	0.077	0.000	0.000	.	0.000	0.000
ROA	0.039 **	-0.037 **	0.076 ***	0.018	-0.030 *	-0.109 ***	0.031 *	-0.036 **	0.036 **	-0.023	0.059 ***	0.047 ***		-0.048 ***
	0.020	0.027	0.000	0.286	0.075	0.000	0.065	0.029	0.029	0.173	0.000	0.005	.	0.004
LEV	0.236 ***	0.044 ***	0.290 ***	0.070 ***	0.207 ***	-0.532 ***	0.141 ***	0.089 ***	0.086 ***	-0.146 ***	0.338 ***	0.197 ***	0.197 ***	
	0.000	0.008	0.000	0.000	0.000	0.000	0.000	0.000	0.000	0.000	0.000	0.000	0.000	.

注：右上角为 Pearson 相关系数；左下角为 Spearman 相关系数。*** 表示在 1% 的水平上显著；** 表示在 5% 的水平上显著；* 表示在 10% 的水平上显著。

8.3.3 实证结果分析

表8-5列示整合审计模式下审计师变更与整合审计收费的回归结果，审计师变更的系数为负但是并不显著，表明在整合审计模式下，发生审计师变更时后任审计师并未给予客户整合审计收费折价，假设H2得到验证，研究结论支持戴伊（1991）的信息观假说，即准租金将随着审计收费信息的公开披露而逐渐减少或是消失，公开披露审计收费信息可缓解初始审计收费折扣行为。这也与直觉逻辑一致，因为本章采取的数据是2011~2015年沪深主板分开披露财务报表审计收费与内部控制审计收费并执行整合审计的上市公司，两类审计收费的信息是从公开渠道获取的。这也为政策监管者提供启发，要逐步完善财务报表审计收费与内部控制审计收费信息披露制度以期来提升其透明度，最终从自愿性披露逐步过渡到强制性披露，增加审计收费信息披露的透明度以及其外部可获取性来缓解初始整合审计收费折扣问题，维持良好的审计市场竞争环境，制定更为合理的收费区间。模型回归结果中公司规模、业务复杂程度、是否亏损、非标准财报审计意见等与整合审计收费呈显著的正相关，与第7章的研究结论相一致。

表8-5　审计师变更与整合审计收费回归结果

变量	系数	T值	P值	VIF值
NEW	-0.021	-0.435	0.664	1.04
Size	0.638***	44.226	0.000	2.26
Comp	0.139***	16.810	0.000	1.76
SOE	-0.070**	-2.205	0.028	1.23
Inv	-0.508***	-4.435	0.000	2.63
Rec	0.606***	3.420	0.001	1.66
Loss	0.127***	2.870	0.004	1.34
Opin	0.143*	1.839	0.066	1.37
Listyear	-0.001	-0.011	0.991	1.25
CurRat	-0.001	-0.021	0.983	2.08

续表

变量	系数	T 值	P 值	VIF 值
ICQ	-0.014	-1.084	0.279	1.51
ICAO	0.049	0.656	0.512	1.38
ROA	-0.193 *	-1.650	0.099	5.06
Lev	-0.030	-0.269	0.788	3.01
Locat	YES			
Year	YES			
Ind	YES			
Intercept	12.251 ***	33.259	0.000	
Adjusted R^2	0.648			
F 值	107.300			
N	3613			

注：*** 表示在 1% 的水平上显著相关；** 表示在 5% 的水平上显著相关；* 表示在 10% 的水平上显著相关。

8.4　稳健性检验

韩洪灵、陈汉文（2007）研究发现如果按照不同的方式划分事务所类别对研究结果可能产生差异化的影响。因此，为验证整合审计模式下是否存在初始整合审计收费折扣，即当发生审计师变更时后任审计师是否收取整合审计收费折价，在模型（8-1）的基础上区分十大样本与非十大样本进行回归，回归结果见表 8-6。由表 8-6 清晰可见，样本公司中有 2112 家选择十大事务所进行整合审计，1501 家选择非十大事务所进行整合审计，比例较为均衡。研究发现十大样本与非十大样本均不存在初始整合审计收费折扣情况，即后任审计师并未给予整合审计收费折价。本章的研究结论较为稳健。

表 8－6　审计师变更与整合审计收费稳健性检验结果（十大与非十大）

变量	全样本	十大	非十大
NEW	－0. 021 （－0. 435）	－0. 031 （－0. 431）	－0. 031 （－0. 526）
Size	0. 638 *** （44. 226）	0. 699 *** （35. 503）	0. 489 *** （23. 647）
Comp	0. 139 *** （16. 810）	0. 119 *** （10. 829）	0. 162 *** （13. 434）
SOE	－0. 070 ** （－2. 205）	－0. 056 （－1. 237）	－0. 089 ** （－2. 165）
Inv	－0. 508 *** （－4. 435）	－0. 817 *** （－4. 740）	－0. 238 * （－1. 704）
Rec	0. 606 *** （3. 420）	1. 002 *** （3. 926）	0. 348 （1. 519）
Loss	0. 127 *** （2. 870）	0. 041 （0. 660）	0. 183 *** （3. 209）
Opin	0. 143 * （1. 839）	0. 050 （0. 467）	0. 282 *** （2. 645）
Listyear	－0. 001 （－0. 011）	－0. 004 （－1. 063）	0. 009 ** （2. 108）
CurRat	－0. 001 （－0. 021）	0. 012 （0. 552）	0. 000 （0. 015）
ICQ	－0. 014 （－1. 084）	－0. 015 （－0. 804）	－0. 007 （－0. 410）
ICAO	0. 049 （0. 656）	－0. 085 （－0. 808）	0. 177 * （1. 876）
ROA	－0. 193 * （－1. 650）	－0. 324 ** （－1. 998）	－0. 073 （－0. 469）
Lev	－0. 030 （－0. 269）	0. 190 （1. 226）	－0. 120 （－0. 831）

续表

变量	全样本	十大	非十大
Locat	YES	YES	YES
Year	YES	YES	YES
Ind	YES	YES	YES
Intercept	12.251 *** (33.259)	11.138 *** (22.524)	14.636 *** (24.483)
Adjusted R^2	0.648	0.685	0.588
F值	107.300	74.265	35.413
N	3613	2112	1501

注：*** 表示在1%的水平上显著相关；** 表示在5%的水平上显著相关；* 表示在10%的水平上显著相关。

西蒙和弗朗西斯（1988）基于审计师变更视角考察初始审计定价折扣，研究发现审计师在签订初始审计合约时给予客户的审计收费折扣约24%，但是在续聘的审计合约的第二年及第三年给予客户的审计收费折扣下降至15%，直至续聘的合约的第四年才收取正常的审计收费。审计收费折扣程度随审计任期增加而逐渐减缓，表明审计收费折扣模式并非一成不变的。这与桑卡拉古鲁瓦米和威森特（2009）的研究结论一致。鉴于审计师变更可能存在信号传递效应故而其对整合审计收费的影响可能存在滞后效应，因此，采用滞后一期及滞后两期的审计师变更样本来实证考察发生审计师变更之后期间是否会影响到整合审计收费，回归结果见表8-7。表8-7中的第二列表示采用滞后一期的审计师变更数据进行回归，来检验公司上一年度发生审计师变更对本年度整合审计收费的影响，NEW的回归系数为0.022，T值为0.363，与整合审计收费不存在显著的相关关系，证实了上年度审计师变更并不会引发本年度的整合审计收费折扣。表8-7的第三列表示采用滞后两期的审计师变更数据进行回归，来检验公司前年发生审计师变更对本年度整合审计收费的影响，NEW的回归系数为0.062，T值为0.817，与整合审计收费不存在显著的相关关系，证实了前年度审计师变更并不会引发本年度的整合审计收费折扣。

表 8-7　审计师变更与整合审计稳健性检验结果（滞后期检验）

变量	滞后一期	滞后两期
NEW	0. 022 (0. 363)	0. 062 (0. 817)
Size	0. 673 *** (36. 984)	0. 732 *** (29. 934)
Comp	0. 130 *** (12. 633)	0. 122 *** (8. 928)
SOE	-0. 020 (-0. 472)	0. 102 (1. 644)
Inv	-0. 527 *** (-3. 581)	-0. 636 *** (-3. 122)
Rec	0. 633 *** (2. 856)	0. 792 *** (2. 698)
Loss	0. 148 *** (2. 660)	0. 087 (1. 148)
Opin	0. 240 ** (2. 348)	0. 156 (1. 156)
Listyear	-0. 002 (-0. 675)	-0. 003 (-0. 533)
CurRat	-0. 007 (-0. 372)	-0. 003 (-0. 122)
ICQ	-0. 005 (-0. 329)	-0. 000 (-0. 012)
ICAO	0. 027 (0. 298)	0. 033 (0. 275)
ROA	-0. 159 (-1. 078)	0. 006 (0. 033)
Lev	-0. 156 (-1. 096)	-0. 157 (-0. 802)
Locat	YES	YES
Year	YES	YES

续表

变量	滞后一期	滞后两期
Ind	YES	YES
Intercept	11.493*** (25.075)	9.941*** (16.446)
Adjusted R^2	0.658	0.687
F值	75.086	48.282
N	2321	1310

注：*** 表示在1%的水平上显著相关；** 表示在5%的水平上显著相关；* 表示在10%的水平上显著相关。

8.5 进一步研究

8.5.1 模型构建

德安杰洛（1981）交易成本观认为初始审计收费折扣是普遍存在的，在构建实证模型进行检验时仅设置是否发生审计师变更这一虚拟变量，并未考虑将审计师变更方向进行细分以此考察变更方向是否会影响初始审计收费折扣。因此，本章节对审计师变更方向进行细分，并检验整合审计模式下初始审计收费折扣现象是否在不同的审计师变更方向情形下存在差异化的表现。在模型（8－1）的基础上构建模型（8－2）和模型（8－3），来检验整合审计模式下审计师变更方向对整合审计收费的影响。其中，模型（8－2）中依据事务所是否为国际四大来设定变更方向，分为四组：①四大平行变更。②非四大平行变更。③非四大升级变更为四大。④四大降级变更为非四大。模型（8－3）依据事务所是否为十大来设定变更方向，分为四组：①十大平行变更。②非十大平行变更。③非十大升级变更为十大。④十大降级变更为非十大。

$$
\begin{aligned}
IAFee = {} & \beta_0 + \beta_1 BT4TB4 + \beta_2 NB4TNB4 + \beta_3 NB4TB4 + \beta_4 B4TNB4 \\
& + \beta_5 Size + \beta_6 Comp + \beta_7 SOE + \beta_8 Inv + \beta_9 Rec + \beta_{10} Loss \\
& + \beta_{11} Opin + \beta_{12} Listyear + \beta_{13} CurRat + \beta_{14} ICQ + \beta_{15} ICAO
\end{aligned}
$$

$$+ \beta_{16}ROA + \beta_{17}Lev + \beta_{18}Locat + \beta_i Year + \beta_j Ind + \xi \quad (8-2)$$

$$\begin{aligned} IAFee = {} & \beta_0 + \beta_1 BT10TB10 + \beta_2 NB10TNB10 + \beta_3 NB10TB10 \\ & + \beta_4 B10TNB10 + \beta_5 Size + \beta_6 Comp + \beta_7 SOE + \beta_8 Inv \\ & + \beta_9 Rec + \beta_{10} Loss + \beta_{11} Opin + \beta_{12} Listyear + \beta_{13} CurRat \\ & + \beta_{14} ICQ + \beta_{15} ICAO + \beta_{16} ROA + \beta_{17} Lev \\ & + \beta_{18} Locat + \beta_i Year + \beta_j Ind + \xi \end{aligned} \quad (8-3)$$

8.5.2 描述性统计

表8-8列示样本中审计师变更方向的具体的描述性统计结果。2011～2015年沪深主板执行整合审计的上市公司中共计有285家公司发生审计师变更。依据事务所是否为国际四大来设定变更方向，非国际四大平行变更的上市公司数量为245家，占比将近86%。国际四大降级变更为非国际四大的上市公司有10家，非国际四大升级变更为国际四大的上市公司有12家，审计师升级变更与降级变更数量较为接近。依据事务所是否为十大来设定变更方向，非十大同级变更的上市公司数量较多，占比略高于30%。十大同级变更的上市公司有82家，占比约为28.77%，审计师同级平行变更数量较为接近。十大降级变更为非十大的上市公司数量为50家，占比为17.54%，相对而言数量较少。

表8-8　　审计师变更方向描述性统计

变量	数量	平均值	标准差	最小值	最大值
B4TB4	18	0.005	0.070	0.000	1.000
NB4TNB4	245	0.068	0.251	0.000	1.000
NB4TB4	12	0.003	0.058	0.000	1.000
B4TNB4	10	0.003	0.053	0.000	1.000
B10TB10	82	0.023	0.149	0.000	1.000
NB10TNB10	86	0.024	0.152	0.000	1.000
NB10TB10	67	0.019	0.135	0.000	1.000
B10TNB10	50	0.014	0.117	0.000	1.000

8.5.3 实证结果分析

表8－9列示审计师变更方向与整合审计收费之间的关系，其中模型（8－2）是依据事务所是否为国际四大来设定变更方向来检验其与整合审计收费的关系，模型（8－3）是依据事务所是否为十大来设定变更方向来检验其与整合审计收费的关系。通过模型（8－2）的回归结果可以发现只有非四大之间同级变更存在明显的初始整合审计收费折扣现象。其余三种类型的审计师变更并未有显著的初始整合审计收费折扣现象，甚至还出现初始整合审计溢价现象，这与韩洪灵、陈汉文（2007）的研究结果一致。模型的回归结果进一步证实戴伊（1991）的信息观假说，在资本市场中公开对外披露审计收费信息提升其可获取性及透明度有助于缓和初始审计收费折扣程度甚至最终消除此现象。表8－9中第一列的回归结果表明戴伊（1991）的信息观假说在整合审计模式下得到充分的验证。对模型（8－2）的结果中初始整合审计收费溢价进行深入的研究探讨其成因，国际四大平行变更时后任四大审计师不但未给予客户初始整合审计收费折扣反而收取高额的初始整合审计收费溢价，可能源于四大的声誉机制及优质的审计质量。国内审计市场集中度较低竞争尤为激烈，审计师为争取更多的客户扩大市场份额，一般采取低价竞争或是品牌竞争策略。相对本土事务所而言国际四大在全球拥有较高的美誉度，极具声誉价值。四大同级变更，未降低审计质量，客户的前后任审计师均收取高额的整合审计收费溢价。非国际四大变更为国际四大时后任四大审计师亦未给予初始整合审计收费折扣，而是收取高额的整合审计收费溢价，也源于其聘任的前后任审计师优良程度、不同的声誉以及提供的差异化的审计服务质量。

鉴于审计收费是事务所与公司双方彼此反复进行博弈讨价还价的最终结果，而审计市场一直呈现“僧多粥少”的激烈竞争态势，审计师并不是审计收费的唯一制定者，参与中标的审计师需要考虑竞争者的审计收费，即签约审计师最终约定的审计定价与市场中参与竞争的其他审计师耗费的审计成本密切相关。如若后任审计师签订审计契约时约定的审计收费与前任审计师并无差异、基本相同的话，出于交易成本的考虑，公司不倾向调换审计师。因此，后任审计师为在激烈的审计市场中获取客户将会采取低价竞争策略给予客户初始审计定价折扣。这样看来初始审计定价折扣亦与市场中参与竞聘的审计师相关，竞争越激烈则后任审计师给予的初始审计定价折扣越多。非四大同级变更后任审计师给予初始整合审计收费折扣，表明在非四大审计师竞争较为激烈，后任审计师期望获取未来的审计租金，因此给予整合审计收费折扣，进一步验证了国际四大的品牌竞争机制与非国际四大的价格竞争机制。黄等（Huang et al.，2009）指出小规模事务所初始审计定价折扣幅度高于大规模事务所。模型（8－3）依据事务所是否为十大来设定变更方向来检验其与整合审计收费的关系，回归结果尚未发现四种类型的审计师变更存在明显的初始整合审计收费折扣。

表8－9　　　　审计师变更方向与整合审计收费回归结果

变量	模型（8－2）	模型（8－3）
B4TB4	0.769*** (4.197)	
NB4TNB4	－0.105** (－2.036)	
NB4TB4	0.384* (1.721)	
B4TNB4	0.095 (0.390)	
B10TB10		0.155* (1.792)
NB10TNB10		－0.085 (－1.004)
NB10TB10		－0.154 (－1.614)
B10TNB10		－0.022 (－0.202)
Size	0.630*** (43.513)	0.636*** (44.014)
Comp	0.141*** (17.054)	0.140*** (16.839)

续表

变量	模型（8-2）	模型（8-3）
SOE	-0.070** (-2.211)	-0.072** (-2.253)
Inv	-0.507*** (-4.440)	-0.507*** (-4.427)
Rec	0.600*** (3.396)	0.594*** (3.355)
Loss	0.126*** (2.842)	0.127*** (2.866)
Opin	0.143* (1.839)	0.147* (1.888)
Listyear	-0.000 (-0.008)	-0.000 (-0.016)
CurRat	0.001 (0.039)	0.001 (0.014)
ICQ	-0.012 (-0.958)	-0.014 (-1.045)
ICAO	0.049 (0.659)	0.045 (0.603)
ROA	-0.189 (-1.615)	-0.190 (-1.626)
Lev	-0.019 (-0.176)	-0.027 (-0.248)
Locat	YES	YES
Year	YES	YES
Ind	YES	YES
Intercept	12.401*** (33.657)	12.295*** (33.340)
Adjusted R^2	0.651	0.649
F值	103.291	102.487
N	3613	3613

注：***表示在1%的水平上显著相关；**表示在5%的水平上显著相关；*表示在10%的水平上显著相关。

8.6 本章小结

本章基于整合审计制度背景采用2011～2015年沪深主板分开披露财务报表审计收费与内部控制审计收费并执行整合审计的上市公司为研究样本，探讨整合审计模式下是否存在初始整合审计收费折扣行为？换言之即为考察整合审计模式下审计师变更与整合审计收费的关联，并检验在整合审计模式下德安杰洛（1981）交易成本观与戴伊（1991）信息观哪一个解释力度更强。研究结论证实在整合审计模式下戴伊（1991）信息观更具解释力：公开披露审计收费信息有助于外部信息使用者通过分析审计收费信息来推断准租金，进而缓解与释放审计信息中的准租金，最终达到消除或是缓解初始审计收费折扣的效果。故而，本章的研究结论支持证监会（2001）强制要求上市公司在公开的平台披露审计收费信息的政策。随着内部控制审计相关规范与指引分期分批进行，内部控制审计业务逐渐成为上市公司法定审计业务，又基于财务报表审计与内部控制审计的协同效应与知识溢出效应，越来越多的上市公司聘任同一家事务所执行整合审计。而实施整合审计的公司应当向事务所支付整合审计报酬。第3章制度背景部分较为全面地解析整合审计模式下内部控制审计报告及收费的披露情况，其中内部控制审计收费披露状况乱象丛生，急需监管部门制定统一规范的披露标准并要求上市公司进行强制披露。强制披露审计收费信息将有效减少整合审计模式下初始整合审计收费折扣现象，缓和其折扣程度，可以有效抑制整合审计模式下低价揽业行为。故而，完善整合审计模式下审计收费信息披露制度可以有效替代政府直接干预机制，从而维持科学合理的市场价格竞争态势，在一定程度上增强审计师的独立性。

与此同时，本章进一步区分审计师变更方向探讨整合审计模式下审计师变更与整合审计收费的关系，研究发现仅非四大所同级变更时才给予客户初始整合审计收费折扣，相较而言，其余几种类型的变更方向尚未发生初始整合审计收费折扣现象，甚至在四大同级变更、十大同级变更以及非四大升级变更为四大时出现初始整合审计溢价现象。验证了国际四大的品牌竞争策略以及非四大的价格竞争策略，研究表明国内事务所若想在激烈的整合审计市场竞争中取胜急需加大本土事务所品牌建设国际化力度。

但是本章也存在研究的局限之处，这些局限与不足之处可为未来的研究点明方向。①样本期间较为短促。基于财政部等 2012 年颁布的《关于主板上市公司分类分批实施企业内部控制规范体系的通知》可知，同时在境内外上市的公司应率先于 2011 年度起执行内部控制审计，起到带头示范的表率作用，而继其之后沪深主板上市公司应于 2012 年实施内部控制审计。由前文研究分析可知整合审计收费本质而言是财务报表审计业务与内部控制审计业务的报酬之和，然而数据库中可公开获得的内部控制审计收费数据最早年份为 2011 年。加之相关规范指引中指出应率先在主板上市公司执行内部控制审计，因此，本书对整合审计收费研究的时间段较短且仅采用主板上市公司数据，获取的数据量有限，可能对研究结论有所影响。②由于样本量有限，书中的审计师变更仅采用四大的审计师及十大的审计师，仅区分变更方向并未将审计师变更原因进行详细的划分。今后随着内部控制审计与整合审计相关规范与审计实务的不断发展与完善，在较长的时间段中采用大样本数据进行研究时，可以进一步细分法定变更与非法定变更，以及事务所变更且两名签字审计师均变更或是事务所变更且仅一名签字审计师变更等。

第9章　研究结论、政策建议与未来展望

本章在前文制度背景解析、理论分析及实证研究的基础上，对前文的研究结论进行归纳与总结，提出相关政策建议。最后，指出本书研究不足之处，并依托于此点明未来发展方向。

9.1　研究结论

本书依托于国内制度背景，基于整合审计市场，以委托代理理论、市场供需理论、审计风险理论、审计保险理论、系统协同理论为基础展开整合审计收费实证研究，为整合审计执行后果提供经验证据。本书采用文献分析、规范研究与实证研究相结合的研究方法，沿着文献回顾—制度背景解析—理论分析与研究假设—实证分析的研究逻辑展开全书的研究。本书得出如下研究结论：

（1）整合审计模式下财务报表审计收费与公司规模、业务复杂度、应收账款占总资产比例、样本年度发生亏损、被出具非标准财务报表审计意见、事务所的声誉等显著正相关，与国有产权性质显著负相关。审计收费是审计服务供需双方多次博弈讨价还价最终达成的审计定价，西穆尼奇（1980）开创性地构建审计收费影响因素模型，后续年间开展的资本市场审计收费的相关研究多沿用此框架。但是较早年间审计收费主要是审计师为客户提供的财务报表审计业务而收取的报酬，SOX 法案的颁布对审计收费内在构成带来冲击，SOX 法案实施后的审计收费中还可能包含公司聘任审计师执行内部控制审计业务而支付的相应报酬，因此，以 SOX 法案为分水岭，之后的审计收费的构成中可能存在较多的混

淆因素。为推进 SOX 法案的实施，PCAOB 先后颁布 AS2 与 AS5 直接催生了整合审计，具体而言即为聘任同一家事务所提供财务报表审计业务与内部控制审计业务，而且目前美国审计市场中仅存在整合审计模式。基于此，审计收费的构成较之以前有着实质性的改变，其具体构成在原有的财务报表审计收费的基础上新增加内部控制审计收费，包含两类收费，美国的上市公司并未公开对外披露两类审计收费而是披露综合收费即整合审计收费，因此，西穆尼奇（1980）构建的财务报表审计收费影响因素实证研究模型的适用性可能会有所削弱。而在国内审计市场中，从公开的数据库中可以获取分开披露两类审计收费的数据。采用 2011 ~2015 年沪深主板分开披露财务报表审计收费与内部控制审计收费并执行整合审计的上市公司为研究样本，探讨整合审计模式下财务报表审计收费影响因素，在较为“干净”的环境下将上市公司支付的财务报表审计收费单独剥离出来展开其影响因素的研究，有助于深入了解整合审计模式下审计师对财务报表审计收费的定价策略，在扩展审计收费研究的同时也为整合审计施行提供经验证据。

（2）整合审计模式下内部控制审计收费与上市公司的规模、业务复杂度、事务所的声誉显著正相关，与公司的内部控制质量、连续内部控制审计显著负相关。长期以来，上市公司内部控制审计收费的过程和机理并不为外界所知。伴随着内部控制审计的相关规范与指引的实施，内部控制审计收费情况开始公开对外披露，这为研究内部控制审计收费的影响因素提供了难得的机遇。本书以 2011 ~2015 年沪深主板分开披露财务报表审计收费与内部控制审计收费并执行整合审计的上市公司为研究样本，从上市公司特征、会计师事务所特征以及内部控制审计业务自身特征三个视角出发，研究内部控制审计收费的影响因素。研究发现内部控制审计收费与上市公司的规模、业务复杂度、事务所的声誉显著正相关，与公司的内部控制质量、连续内部控制审计显著负相关。从上述结果中不难发现，内部控制审计收费的影响因素与财务报表审计收费的影响因素有重合之处，这也为进一步探究内部控制审计收费与财务报表审计收费之间的关系奠定了基础。

（3）整合审计模式下内部控制审计收费与财务报表审计收费之间存在显著的双向正相关关系，两类审计费用之间的交叉补贴关系中知识溢出效应起到了主导作用。目前我国的内部控制审计正逐步由自愿性审计过渡到强制性审计阶段，将内部控制审计与财务报表审计结合的整合审计已大势所趋。财务报表审计与内部控制审计的目标是异曲同工，均致力于提高公司财务报表的可靠性，向外界提供高质量的信息。风险导向审计模式下，审计师在评估公司财务报表层次以及认定层次重大错报风险时，需要了解被审计单位的内部控制，必要时还需要进行控制测试，上述工作为审计师的内部控制审计工作奠定部分基础，有助于提高内部控制审计效率。与之相同的逻辑，审计师在执行内部控制审计时，若是通过审计程序发现被审计单位存在重大的内部控制缺陷，在某种程度上表明被审计单位的财务报表可能存在重大的错报或是漏报，引起审计师对财务报表可能存在的审计风险的关注，扩大审计范围，实施更为细致的审计程序，进而降低财务报表审计风险。将公司的财务报表审计与内部控制审计整合进行，有利于共享两类审计工作的成果，互通有无，彼此协作。审计师共享两类审计的专业知识，不仅可帮助其增强风险评估能力亦可有效地提高审计效率与效果，增强审计有效性。

整合审计模式下内部控制审计收费与财务报表审计收费之间的交叉补贴可能存在两种情形：根据知识溢出效应，由同一家会计师事务所对被审计单位实施内部控制审计和财务报表审计，可以相互利用两种审计过程中获得的知识，彼此验证审计效果，提供高质量的审计服务，收取高额的审计溢价，两者之间呈正相关关系。依据规模经济效应，两种审计过程中可以相互利用彼此的工作，提高审计效率，节约审计成本，降低审计收费，两者之间呈负相关关系。本书在整合审计的大背景下，以2011～2015年沪深两市主板分开披露内部控制审计收费与财务报表审计收费并执行整合审计的上市公司为研究样本，探究两类审计费用之间的交叉补贴关系，并据此检验知识溢出效应和规模经济效应哪一个更具解释力。实证考察发现整合审计模式下两类审计收费之间呈显著的双向正相关关系，这说明知识溢出效应起到了主导作用。

（4）整合审计背景下审计关系错配与整合审计之间呈如下关系：国际四大的审计师对小规模客户（大所—小客户）给予整合审计收费折价；非四大审计师对大规模客户（小所—大客户）给予整合审计收费溢价。深入探讨其成因发现盈余质量在其中起到调节作用。

现有的审计关系研究多从审计师客户双方高端配高端、低端配低端的匹配视角展开研究，本书另辟蹊径结合国内本土审计市场特点，以

2011～2015 年沪深主板实施整合审计的上市公司为研究样本，实证考察审计关系错配与整合审计收费。基于维护审计声誉及规避审计风险视角，面对日益增加的法律诉讼风险，审计师客户匹配时会重点考虑客户的风险水平。一般而言，上市公司的盈余管理行为与审计风险之间存在一定的逻辑关系，盈余管理行为会增加审计风险，审计师为降低审计风险需要付出更多的审计努力，投入大量的审计资源。同时为降低审计失败引发的法律诉讼风险，审计师对其识别出的进行盈余管理行为的上市公司收取高额审计收费。因此，审计师为提高审计质量降低审计风险，对风险高的客户会收取审计风险溢价收入，而将部分超额利润让渡风险低的客户并给予其收费折扣。国际四大的审计师若是未与大规模客户匹配，可能源于审计师在风险评估时识别了被审计单位的高风险，从而选择盈余质量高的小客户进行配对，并给予其整合审计收费折价。

（5）基于整合审计背景探讨审计师变更与整合审计收费之间的关系：研究发现当发生审计师变更时后任审计师并未给予客户初始整合审计收费折扣，在整合审计市场中尚未存在低价揽业行为。本书第 7 章主要探讨整合审计模式下审计师客户关系对整合审计收费的影响，主要聚焦于整合审计市场中整合审计业务供需双方即审计师与客户视角。本章主要探讨整合审计模式下审计师变更与整合审计收费，聚焦于整合审计业务供给方即审计师视角，探讨整合审计模式下审计师变更是否会对整合审计收费产生影响。采用 2011～2015 年沪深主板分开披露两类审计收费并执行整合审计的上市公司为研究样本，探讨整合审计模式下是否存在初始整合审计收费折扣，换言之即为探究审计师变更与整合审计收费的关系，研究结论证实在整合审计模式下戴伊（1991）信息观更具解释力：公开披露审计收费信息有助于外部信息使用者通过分析审计收费信息来推断准租金，进而缓解与释放审计信息中的准租金，最终达到降低甚至是消除初始审计收费折扣的良好效果。采取相关措施来强制公开披露审计收费信息将有效地减少整合审计模式下初始审计折扣现象，可以有效抑制整合审计模式下低价揽业行为。故而，完善整合审计模式下审计收费信息披露制度可以在一定程度上作为政府直接干预政策的替代机制，从而有助于形成以市场为主导的科学合理的价格竞争行为，一定程度上增强审计师的独立性。进一步区分审计师变更方向探讨整合审计模式下发生审计师变更行为时其与整合审计收费的关系，实证检验发现仅非四大所同级变更时存在初始整合审计收费折扣行为，其余几种类型的变更方向尚未发生初始整合审计收费折扣现象，甚至在四大同级变更，十大同级变更以及非四大升级变更为四大时出现初始整合审计溢价现象。验证了国际四大的品牌竞争策略与非国际四大的价格竞争策略，研究表明国内事务所若想在激烈的整合审计市场竞争中取胜急需加大本土事务所品牌建设国际化力度。

9.2 政策建议

通过本书的研究结论及发现的研究启示，可为资本市场参与者及监管者提供相关政策建议。

1. 强化并统一财务报表审计收费与内部控制审计收费信息披露制度

正如前文部分所述上市公司财务报表审计收费与内部控制审计收费相关信息披露存在诸多问题，上市公司财务报表中对内部控制审计费用披露尚处于自愿披露阶段，披露透明度较低，审计收费信息披露制度较为粗略不甚详细且缺乏统一的规范性，执行力度较弱，尚未确立统一的惩罚标准。外部信息使用者在此背景下获取的财务报表审计收费信息与内部控制审计收费信息的决策有用性将大打折扣。监管机构应遵循财务报表审计收费的披露轨迹，建立相应法律法规，促使内部控制审计收费的披露逐步由自愿性披露过渡到强制性披露，逐步完善与规范财务报表审计收费与内部控制审计费用的相关信息的披露，制定统一的披露标准（诸如确定统一的披露时间、格式及内容）及惩罚措施，从而科学有效合理地改善审计收费信息披露透明度，增强其外部可获取性。因此，急需制定较为完善与统一的审计收费信息强制披露制度，提高审计收费信息披露质量。具体而言需要做到：①披露审计收费的制定依据、标准及程序并披露为其提供服务的事务所变更情况。②统一审计收费披露时间，上市公司需要按年度按事务所披露当年实际支付审计收费，若是当年未公开披露审计收费信息，需要在后期就此问题进一步提供补充公告。③统一披露内容，上市公司需要在财务报告中披露审计收费的详细内容，诸如单独披露支付给事务所的差旅费、单独披露支付给国外事务所的审计费用等。④完善上市公司内部控制审计收费披露制度，分开披露内部控制审计收费与财务报表审计收费，同时披露提供相应审计服务的事务所，以便信息使用者可以清晰获取两类审计收费的信息。

2. 制订合理的财务报表审计收费与内部控制审计收费标准

内部控制审计服务作为新兴的业务，服务的供应较为特殊，从而使其有别于一般商品与劳务定价。但是无论哪类审计收费，均是事务所与上市公司双方在审计市场中对事务所提供的相应的审计服务多次讨价还价重复博弈的结果。监管机构应逐步完善资本市场相关法律体系建设，形成良性的市场运行机制，为审计定价提供良好的市场条件。充分发挥市场在审计定价中的引导作用，均衡审计市场供需双方的结构，最终形成合理的审计定价。西方审计实务中将审计工时作为公认的审计收费标准，其中，被审计单位规模、业务的复杂度以及审计风险等均与审计工时紧密相关。因而国内审计行业监管部门可借鉴参考国际标准，依据事务所耗费的审计工时作为统一的基础的审计收费制定标准，综合考虑被审计单位的规模、业务复杂程度及审计风险等在签订审计契约商讨审计收费之前预测估计需要耗费的审计工作量，并充分考量事务所不同级别审计师的配置，制定差异化的小时收费标准。事务所执行整合审计时应当将有限的审计资源合理的配置到两类审计业务中，这无疑对审计师的职业判断发起较高难度的挑战，具体而言，应当依据执业经验来科学合理地度量投入的审计工时，在确保审计质量的前提下节约审计成本。国内审计市场地域广阔，各地区经济发展水平、法制水平及市场化程度存在较大差异，因此，在确定最终审计收费时还需要综合考虑上述因素。此外，应完善审计收费自律机制，逐步建立政府部门监管与注册会计师行业自律相结合的机制，完善行业协会建设，引入审计收费专家指导制度，并建立审计收费信息备案制度。与此同时，完善会计师事务所及注册会计师信用档案制度。

3. 提高审计师执业能力

基于知识溢出效应视角，审计师为上市公司同时提供财务报表审计服务与内部控制审计服务可以相互共享信息来降低审计师与客户双方的信息不对称。整合审计模式下，鉴于两类审计业务有诸多相同之处，审计程序有重合之处，可以相互借鉴彼此的工作，相互验证彼此的审计结论，提高审计效率降低审计成本。整合审计模式下，审计师通过内部控制审计过程中发现的重大缺陷有助于为财务报表审计指明关键的审计点，依据审计结果来决定是否信赖被审计单位的内部控制，如果内部控制审计结果认定被审计单位内部控制存在重大缺陷，那么审计师在执行财务报表审计时就不拟信赖被审计单位的内部控制，在后续审计过程中实施更为细致的审计程序，修改审计程序的性质、时间安排与审计范围，付出更多的审计努力。如果内部控制审计结果认定被审计单位内部控制有效，审计师在进行财务报表审计时将会拟信赖内部控制，在审计过程中可以相应减少审计程序，提高审计效率。审计师在财务报表审计过程中发现的重大错报、漏报以及关键的审计点均可以为内部控制审计提供借鉴与参考，在执行内部控制审计时予以充分关注，投入审计资源，可在保证审计质量的同时降低审计风险。

基于由“同班人马”提供两类审计服务，使得审计师提供同等水准的财务报表审计质量与内部控制审计质量，审计师签发两类审计报告要承担相应的审计风险，因此审计师展开整合审计时会采取慎之又慎的职业态度。整合审计服务对审计师提出了更高的专业要求、更高的职业道德要求以及风险管控能力和质量控制水准。事务所务必要加强审计师的专业培训，提升其专业能力，培育审计师行业专长，形成专业化的整合审计方法与技能，提升核心竞争能力，提升审计业务协作化能力，开展特色竞争。同时改革事务所与审计师利益导向机制，建立质量导向机制，培养审计师特色专业能力，加强审计人才交流与协作。真正实现拥有更强的市场竞争力、建立更为专业的审计队伍，才能在审计契约谈判中获得影响审计定价的主导权，以更低的审计成本、更专业的审计人员在审计市场中提供更优质的审计服务，获取更多的审计客户，实现长远发展。

4. 加大本土事务所品牌建设国际化力度

近百年来，国际四大投入大量成本来建设和维护事务所品牌与声誉，西方审计实务界也证实事务所的品牌与声誉能为客户与审计师带来经济价值。为审计师带来的经济价值主要体现在高品牌声誉的审计师在审计市场中获得更多的审计业务机会。品牌声誉的经济价值使得国际四大有自发地维护品牌声誉的经济需求，这种自发的内在的经济需求使得国际四大在全球审计市场中保持良好的声誉，占领大型审计业务市场。国内审计市场中呈现本土所与国际四大并存的格局，较之本土所，国际四大在“价格”“公共关系”等方面的了解程度缺乏优势，国际四大在审计市场中最具特色的竞争优势就是其百年来苦心孤诣的事务所品牌与声誉。国际四大若想在中国审计市场中获得竞争优势，应提供高质量的审计服务并继续维持其品牌声誉。

审计市场中存在着高端配高端、低端配低端的审计关系匹配现象。换句话说即为声誉高的大规模事务所通常匹配业绩好的上市公司，本土小规模事务所匹配业绩差的上市公司。国际四大所收取整合审计收费溢价以及匹配高端客户的现象给本土所的启示是需要加大本土事务所品牌建设国际化力度。一般而言，美誉度响彻全球的国际四大长期垄断高端市场的审计业务，形成全球网络与声誉品牌的影响力。审计市场是声誉市场，审计师声誉是在审计市场竞争中取胜的重要因素，审计市场上的重要竞争是市场份额之争，本土事务所若想占据市场份额需要持续不断地做大做强，建立品牌战略形成良好的知名度。审计师苦心孤诣地建立优质的市场声誉，归根结底是为了扩大市场占有率抢占市场份额获得良好的市场业绩表现，实现长远可持续发展战略。国内事务所声誉与品牌建设任重道远，实现品牌竞争不是一蹴而就而是长期的品牌建设过程，需要加大本土所品牌建设国际化力度。事务所应重视声誉建设，提升竞争力、建立更为专业的职业团队、更为科学合理的审计方法，才能在整合审计市场中拥有审计定价主导权。

9.3　研究的不足与展望

本书基于国内制度背景对整合审计收费展开研究，丰富与扩展了审计收费研究视野，为执行整合审计经济后果提供了经验证据。但由于主客观原因，尚且存在不足之处，这些不足之处也为未来的研究提供了方向。

（1）内部控制审计收费影响因素模型解释力度有待提高。PCAOB 发布的 AS5 中提出由同一家事务所执行内部控制审计与财务报表审计，即整合审计。但是美国公众公司在年度财务报告中公开披露的审计费用结构各不相同，其中单独列示内部控制审计收费的公司更是凤毛麟角，实际数据的缺乏阻碍了国外内部控制审计收费的研究。转向国内视角来看，内部控制审计业务正遵从相关规范与指引的规定分期分批稳步推行，部分上市公司开始在年报中披露内部控制审计报告以及支付的内部控制审计报酬。因此，内部控制审计收费情况的公开对外披露，向资本市场传递了内部控制审计服务的价格信息，在增加披露透明度的同时，也为研究内部控制审计收费的影响因素提供了难得的机遇。但是目前而言内部控制审计收费影响因素模型的解释力度较弱，而国外财务报表审计收费影响因素模型的解释力高达70%～80%，因此，既有的内部控制审计收费模型的构建或是理论欠缺完善，或是存在遗漏变量，故而后续的研究需紧密结合国内制度背景、资本市场发展现状以及上市公司实务现状，完善内部控制审计收费影响因素模型，提高模型解释力度。

（2）内部控制审计与整合审计实施期间较短，时间窗口较短，样本数据量有限。2012年财政部等颁布的《关于主板上市公司分类分批实施企业内部控制规范体系的通知》中明令规定了内部控制审计分期分批实施进度表，其中要求在境内和境外上市的公司自2011年度起率先执行内部控制审计业务起到先锋的带头示范榜样，而后在沪深主板上市的公司应当自2012年开始实施内部控制审计，上市公司迈入内部控制审计时代。《企业内部控制审计指引》明确指出注册会计师可以将财务报表审计与内部控制审计整合进行。我国上市公司的内部控制建设正在不断完善之中，目前的内部控制审计正由自愿性审计到强制性审计过渡。依据内部控制审计相关指引，同时考虑可获得内部控制审计收费的数据库，发现内部控制审计收费公开可获取的时间为2011年。因此，本书研究的时间区间为2011～2015年，时间窗口较短。随着内部控制审计与整合审计的不断发展与完善，后续可依据较长的时间窗口展开研究，在一定程度弥补本书研究不足之处。

（3）研究样本较为局限，只选择沪深主板上市公司。基于内部控制相关规范与审计指引可知，内部控制审计业务应当率先在主板上市公司执行，故而本书对内部控制审计收费影响因素研究部分，采用沪深主板A股披露内部控制审计收费的上市公司为研究样本，对整合审计收费研究部分采用沪深主板A股披露内部控制审计收费并执行整合审计的上市公司为研究样本。本书未考虑中小板、创业板披露内部控制审计收费的上市公司。因此，今后随着内部控制审计与整合审计的不断发展与完善，后续研究中可将中小板、创业板上市公司纳入研究样本中。

（4）可能存在部分的样本自选择问题。由于国内内部控制审计正逐步由自愿性审计过渡到强制性审计阶段，目前数据库中可公开获得上市公司自愿性进行内部控制审计或是强制性进行内部控制审计数据。但是目前的相关规范并未强制要求上市公司公开披露内部控制审计收费数据，因此，本书获取的内部控制审计收费数据多数是自愿性对外披露，可能存在部分样本自选择问题。由于单独披露内部控制审计收费的公司绝大多数倾向于选择整合审计（占比高达97.4%），而仅有较少比例的公司（占比仅为2.6%）选择单独审计，因此本书主要探讨整合审计模式下审计收费的研究，而剔除单独审计即非整合审计或称异所审计部分的审计收费数据。基于整合审计的压倒性比例，所以本书也未能采用配对样本展开分析。这也是后续研究中需要加以考虑的问题。

随着内部控制审计与整合审计的全面推行，可有如下研究展望。

（1）紧密结合制度背景变迁、资本市场实务发展，在相关理论的基础上，全面考虑内部控制审计收费、整合审计收费影响因素，寻找可能忽略的遗漏变量，构建解释力度更强的模型。

（2）后续采用较长的时间窗口展开研究，可尝试探讨整合审计费用黏性问题，实证检验在相当长的时间区间内，上市公司整合审计费用是否存在固化效应等。

（3）可将中小板、创业板上市公司也纳入研究样本中，还可区分不同上市板块对整合审计收费展开差异化的研究。

（4）采用大样本数据研究审计师变更与整合审计收费时，可以进一步细分法定变更与非法定变更，以及事务所变更且两名签字审计师均变更或是事务所变更且仅一名签字审计师变更等。

参考文献

［1］蔡吉甫：《公司治理、审计风险与审计费用关系研究》，载于《审计研究》2007 年第 3 期。

［2］蔡利、毕铭悦、蔡春：《真实盈余管理与审计师认知》，载于《会计研究》2015 年第 11 期。

［3］曹琼、卜华、杨玉凤：《盈余管理、审计费用与审计意见》，载于《审计研究》2013 年第 3 期。

［4］陈冬华、周春泉：《自选择问题对审计收费的影响——来自中国上市公司的经验证据》，载于《财经研究》2006 年第 3 期。

［5］陈娇娇：《产权性质、管理者背景特征与内部控制审计费用》，载于《中国会计学会 2016 年学术年会论文集》2016。

［6］陈娇娇、周芳竹：《管理者背景特征、内部控制与审计收费》，载于《山西财经大学学报》2016 年第 6 期。

［7］谌嘉席：《审计收费“固化”成因探究》，载于《中国会计评论》2014 年第 2 期。

［8］陈杰平、苏锡嘉、吴溪：《异常审计收费与不利审计结果的改善》，载于《中国会计与财务研究》2005 年第 4 期。

［9］戴捷敏、方红星：《控制风险、风险溢价与审计收费——来自深市上市公司 2007 年年报的经验证据》，载于《审计与经济研究》2010 年第 3 期。

［10］段特奇、陆静、石恒贵：《异常审计费用与审计质量的关系研究》，载于《财经问题研究》2013 年第 7 期。

［11］方红星、陈娇娇：《整合模式下两类审计收费之间的交叉补贴——知识溢出效应还是规模经济效应?》，载于《审计研究》2016 年第 1 期。

［12］方红星、陈娇娇、于巧叶：《内部控制审计收费的影响因素

研究》，载于《审计与经济研究》2016 年第 4 期。

[13] 方军雄、洪剑峭：《异常审计收费与审计质量的损害——来自中国审计市场的证据》，载于《中国会计评论》2008 年第 4 期。

[14] 盖地、盛常艳：《内部控制缺陷及其修正对审计收费的影响——来自中国 A 股上市公司的数据》，载于《审计与经济研究》2013 年第 3 期。

[15] 郭梦岚、李明辉：《公司治理、控制权性质与审计定价》，载于《管理科学》2009 年第 6 期。

[16] 韩洪灵、陈汉文：《中国上市公司初始审计的定价折扣考察——来自审计师变更的经验证据》，载于《会计研究》2007 年第 9 期。

[17] 韩丽荣、高瑜彬、胡玮佳：《异常审计费用对审计质量的影响研究》，载于《当代经济研究》2015 年第 1 期。

[18] 黄秋菊：《内部控制审计收费的影响因素探析——基于我国 A + H 股上市公司的数据分析》，载于《价格理论与实践》2012 年第 10 期。

[19] 李连军：《审计服务定价与会计师事务所声誉研究》，上海财经大学博士论文，2004 年。

[20] 李爽、吴溪：《盈余管理、审计意见与监事会态度——评监事会在我国公司治理中的作用》，载于《审计研究》2003 年第 1 期。

[21] 李爽、吴溪：《审计定价研究：中国证券市场的初步证据》，中国财政经济出版社 2004 年版。

[22] 李寿喜：《我国上市公司年报审计费用及其影响因素分析》，载于《审计与经济研究》2004 年第 4 期。

[23] 李训、林川、胡明：《我国地域关系对审计定价影响的实证研究》，载于《财经论丛》2013 年第 2 期。

[24] 李晓慧、杨坤：《审计师变更、异常审计费用与会计信息透明度研究》，载于《中央财经大学学报》2016 年第 10 期。

[25] 廖义刚、孙俊奇、陈燕：《法律责任、审计风险与事务所客户选择——基于 1996 年 ~2006 年我国会计师事务所客户风险的分析》，载于《审计与经济研究》2009 年第 5 期。

[26] 林川、曹国华、丘邦翰：《异地审计与审计定价——基于静态与动态视角的检验》，载于《财经理论与实践》2011 年第 3 期。

[27] 刘斌、叶建中、廖莹毅：《我国上市公司审计收费影响因素的实证研究——深沪市 2001 年报的经验证据》，载于《审计研究》2003 年第 1 期。

[28] 刘峰、谢斌、黄宇明：《规模与审计质量：店大欺客与客大欺店？——基于香港市场大陆上市公司的经验数据》，载于《审计研究》2009 年第 3 期。

[29] 刘峰、许菲：《风险导向型审计·法律风险·审计质量——兼论“五大”在我国审计市场的行为》，载于《会计研究》2002 年第 2 期。

[30] 刘明辉、胡波：《公司治理、代理成本与审计定价——基于 2001~2003 年我国 A 股上市公司的实证研究》，载于《财经问题研究》2006 年第 2 期。

[31] 刘文军：《审计师的地理位置是否影响审计质量?》，载于《审计研究》2014 年第 1 期。

[32] 刘霞、刘峰：《控制权安排、事务所定价策略和审计质量——来自 A 股市场的证据》，载于《经济与管理研究》2013 年第 8 期。

[33] 吕兆德、朱星文、宗文龙：《民间审计地域特征研究——来自中国 A 股市场的证据》，载于《统计研究》2007 年第 1 期。

[34] 倪小雅、张龙平：《整合审计、审计质量与审计收费》，载于《华东经济管理》2015 年第 5 期。

[35] 潘克勤：《公司治理、审计风险与审计定价——基于 $CCGI^{NK}$ 的经验证据》，载于《南开管理评论》2008 年第 1 期。

[36] 漆江娜、陈慧霖、张阳：《事务所规模·品牌·价格与审计质量——国际“四大”中国审计市场收费与质量研究》，载于《审计研究》2004 年第 3 期。

[37] 宋衍蘅、殷德全：《会计师事务所变更、审计收费与审计质量——来自变更会计师事务所的上市公司的证据》，载于《审计研究》2005 年第 2 期。

[38] 唐跃军：《审计收费、审计委员会与意见购买——来自 2004~2005 年中国上市公司的证据》，载于《金融研究》2007 年第 4 期。

[39] 王善平、李斌：《我国上市公司审计收费影响因素的实证分析——来自深市上市公司的经验证据》，载于《财经理论与实践》2004 年第 2 期。

[40] 王守海、杨亚军：《内部审计质量与审计费用研究——基于中国上市公司的证据》，载于《审计研究》2009 年第 5 期。

[41] 王杏芬：《审计市场格局：低价竞争抑或品牌竞争——基于匹配理论的实证检验》，载于《山西财经大学学报》2015 年第 6 期。

[42] 王杏芬：《整合审计提高了财务报告质量吗？——系统协同理论视角的经验证据》，载于《江西财经大学学报》2011 年第 4 期。

[43] 王振林：《审计收费的决定与审计质量——中国上市公司的证据》，上海财经大学博士论文，2002 年。

[44] 伍利娜：《盈余管理对审计费用影响分析——来自中国上市公司首次审计费用披露的证据》，载于《会计研究》2003 年第 12 期。

[45] 吴寿元：《企业内部控制审计研究》，财政部财政科学研究所博士论文，2012 年。

[46] 吴水澎、李奇凤：《国际四大、国内十大与国内非十大的审计质量——来自 2003 年中国上市公司的经验证据》，载于《当代财经》2006 年第 2 期。

[47] 吴溪：《会计师事务所合并与质量控制：基于中天勤合并案例的经验分析》，载于《会计研究》2006 年第 10 期。

[48] 吴应宇、毛俊、路云：《客户规模与审计费用溢价的研究：来自 2001 ~2004 年沪市的初步证据》，载于《会计研究》2008 年第 5 期。

[49] 谢晓燕、张龙平、李晓红：《我国上市公司整合审计研究》，载于《会计研究》2009 年第 9 期。

[50] 阎达五、杨有红：《内部控制框架的构建》，载于《会计研究》2001 年第 2 期。

[51] 杨艳文、余德慧：《内部控制审计制度的执行增加了审计费用吗》，载于《北京工商大学学报（社会科学版）》2016 年第 2 期。

[52] 张继勋、徐奕：《上市公司审计收费影响因素研究——来自上市公司 2001 ~2003 年的经验证据》，载于《中国会计评论》2005 年第 1 期。

[53] 章琳一：《过高的异常审计费用：成本还是租金?》，载于《中央财经大学学报》2016 年第 10 期。

[54] 张龙平、陈作习、宋浩：《美国内部控制审计的制度变迁及其启示》，载于《会计研究》2009 年第 2 期。

［55］张敏、朱小平：《中国上市公司内部控制问题与审计定价关系研究——来自中国 A 股上市公司的横截面数据》，载于《经济管理》2010 年第 9 期。

［56］张铁铸、沙曼：《行业专长、业务复杂性与审计收费》，载于《审计与经济研究》2014 年第 11 期。

［57］张宜霞：《财务报表内部控制审计收费的影响因素——基于中国内地在美上市公司的实证研究》，载于《会计研究》2011 年第 12 期。

［58］章永奎、刘峰：《盈余管理与审计意见相关性实证研究》，载于《中国会计与财务研究》2002 年第 1 期。

［59］张兆国、张庆、宋丽梦：《论利益相关者合作逻辑下的企业财权安排》，载于《会计研究》2004 年第 2 期。

［60］朱小平、余谦：《我国审计收费影响因素之实证分析》，载于《中国会计评论》2004 年第 2 期。

［61］Abbott L J, Parker S, Peters G F. Earnings Management, Litigation Risk, and Asymmetric Audit Fees Responses. *Auditing*, Vol. 25, No. 1, 2011, pp. 85 – 98.

［62］Abdel – Khalik A R. The Jointness of Audit Fees and Demand for MAS: A Self-selection Analysis. *Contemporary Accounting Research*, Vol. 6, No. 2, 1990, pp. 295 – 322.

［63］Akresh A D. A Risk Model to Opine on Internal Control. *Accounting Horizons*, Vol. 24, No. 1, 2010, pp. 65 – 78.

［64］Antle R, Gordon E, Narayanamoorthy G, et al. The Joint Determination of Audit fees, Non-audit Fees, and Abnormal Accruals. *Review of Quantitative Finance and Accounting*, Vol. 27, No. 3, 2006, pp. 235 – 266.

［65］Bachar J. Auditing Quality, Signaling, and Underwriting Contracts. *Contemporary Accounting Research*, Vol. 6, No. 1, 1989, pp. 216 – 241.

［66］Ball R, Jayaraman S, Shivakumar L. Audited Financial Reporting and Voluntary Disclosure as Complements: A test of the Confirmation Hypothesis. *Journal of Accounting and Economics*, Vol. 53, No. 1, 2012, pp. 136 – 166.

［67］Becker C L, Defond M L, Jiambalvo J, et al. The Effect of Audit

Quality on Earnings Management. *Contemporary Accounting Research*, Vol. 15, No. 1, 1998, pp. 1 –24.

[68] Bedard J C, Ettredge M L, Johnstone K M. Fees Pressure and the Longitudinal Dynamics of Audit Engagement Budgeting and Reporting. *Advances in Accounting*, Vol. 24, No. 1, 2008, pp. 32 –40.

[69] Bell T B, Doogar R, Solomon I. Audit Labor Usage and Fees under Business Risk Auditing. *Journal of Accounting Research*, Vol. 46, No. 4, 2008, pp. 729 –760.

[70] Bell T B, Landsman W R, Shackelford D A. Auditors' Perceived Business Risk and Audit Fees: Analysis and Evidence. *Journal of Accounting Research*, Vol. 39, No. 1, 2001, pp. 35 –43.

[71] Branstetter L G. Looking for International Knowledge Spillovers a Review of the Literature with Suggestions for New Approaches. *Annales Déconomie Et De Statistique*, Vol. 49, No. 49, 1998, pp. 517 –540.

[72] Brown S V, Knechel W R. Auditor – Client Compatibility and Audit Firm Selection. *Journal of Accounting Research*, Vol. 54, No. 3, 2016, pp. 725 –775.

[73] Cairney T D, Young G R. Homogenous Industries and Auditor Specialization: An Indication of Production Economies. *Auditing A Journal of Practice and Theory*, Vol. 25, No. 1, 2011, pp. 49 –67.

[74] Carson E, Fargher N, Simon D T, et al. Audit Fees and Market Segmentation – Further Evidence on How Client Size Matters within the Context of Audit Fees Models. *International Journal of Auditing*, Vol. 8, No. 1, 2004, pp. 79 –91.

[75] Cassell C A. The Effect of Corporate Governance on Auditor – Client Realignments. *Auditing A Journal of Practice and Theory*, Vol. 31, No. 2, 2012, pp. 167 –188.

[76] Chaney P K, Jeter D C, Shaw P E. Client – Auditor Realignment and Restrictions on Auditor Solicitation. *Accounting Review*, Vol. 72, No. 3, 1997, pp. 433 –453.

[77] Chaney P K, Jeter D C, Shivakumar L. Self – Selection of Auditors and Audit Pricing in Private Firms. *Accounting Review*, Vol. 79, No. 1,

2003, pp. 51 -72.

[78] Che - Ahmad A, Houghton K A. Audit fee premiums of big eight firms: Evidence from the market for medium-size U. K. auditees. *Journal of International Accounting Auditing and Taxation*, Vol. 5, No. 1, 1996, pp. 53 -72.

[79] Choi, J H., Kim, J B., Zang, Y. Do Abnormally High Audit Fees Impair Audit Quality? . *Auditing A Journal of Practice & Theory*, Vol. 29, No. 2, 2010, pp. 115 -140.

[80] Christensen B E, Omer T C, Sharp N Y, et al. Pork Bellies and Public Company Audits: Have Audits Once Again Become Just Another Commodity? *SSRN Working Paper*, 2014.

[81] Davis L R, Ricchiute D N, Trompeter G. Audit Effort, Audit Fees, and the Provision of Nonaudit Services to Audit Clients. *Accounting Review*, Vol. 68, No. 1, 1993, pp. 135 -150.

[82] DeAngelo L E. Auditor independence, low balling, and disclosure regulation. *Journal of Accounting and Economics*, Vol. 3, No. 2, 1981, pp. 113 -127.

[83] Defond M L, Lennox C S. The effect of SOX on small auditor exits and audit quality. *Journal of Accounting and Economics*, Vol. 52, No. 1, 2011, pp. 21 -40.

[84] Defond M L, Raghunandan K, Subramanyam K R. Do Non - Audit Service Fees Impair Auditor Independence? Evidence from Going Concern Audit Opinions. *Journal of Accounting Research*, Vol. 40, No. 4, 2002, pp. 1247 -1274.

[85] Doogar R, Sivadasan P, Solomon I. Audit fee residuals: Costs or rents? . *Review of Accounting Studies*, Vol. 20, No. 4, 2015, pp. 1247 -1286.

[86] Doogar R, Sivadasan P, Solomon I. The Regulation of Public Company Auditing: Evidence from the Transition to AS5. *Journal of Accounting Research*, Vol. 48, No. 4, 2010, pp. 795 -814.

[87] Dopuch N, Gupta M, Dan A S, et al. Production Efficiency and the Pricing of Audit Services. *Contemporary Accounting Research*, Vol. 20,

No. 1, 2003, pp. 47 –77.

[88] Dye R A. Auditing Standards, Legal Liability, and Auditor Wealth. *Journal of Political Economy*, Vol. 101, No. 5, 1993, pp. 887 –914.

[89] Dye R A. Informationally motivated auditor replacement. *Journal of Accounting and Economics*, Vol. 14, No. 4, 1991, pp. 347 –374.

[90] Eldridge, S. W., Kealey, B. T. SOX Costs: Auditor Attestation under Section 404. University of Nebraska at Omaha Working Paper, 2005.

[91] Ettredge M, Greenberg R. Determinants of Fee Cutting on Initial Audit Engagements. *Journal of Accounting Research*, Vol. 28, No. 1, 1990, pp. 198 –210.

[92] Ettredge, M., Li, C., Scholz, S. Audit Fees and Auditor Dismissals in the Sarbanes – Oxley Era. *Accounting Horizons*, Vol. 12, No. 1, 2007, pp. 371 –386.

[93] Fan J P H, Wong T J, Zhang T. Politically connected CEOs, corporate governance, and Post – IPO performance of China's newly partially privatized firms. *Journal of Financial Economics*, Vol. 84, No. 2, 2007, pp. 330 –357.

[94] Firth M. Auditor Reputation: The Impact of Critical Reports Issued by Government Inspectors. *Rand Journal of Economics*, Vol. 21, No. 3, 1990, pp. 374 –387.

[95] Francis J R. A Framework for Understanding and Researching Audit Quality. *Auditing A Journal of Practice and Theory*, Vol. 30, No. 2, 2011, pp. 125 –152.

[96] Francis J R, Pinnuck M, Watanabe O. Auditor Style and Financial Statement Comparability. *Accounting Review*, Vol. 89, No. 2, 2014, pp. 605 –633.

[97] Francis J R, Stokes D J. Audit Prices, Product Differentiation, and Scale Economies: Further Evidence from the Australian Market. *Journal of Accounting Research*, Vol. 24, No. 2, 1986, pp. 383 –393.

[98] Francis J R. The effect of audit firm size on audit prices: A study of the Australian Market. *Journal of Accounting and Economics*, Vol. 6, No. 2, 1984, pp. 133 –151.

[99] Gerakos J, Syverson C. Competition in the Audit Market: Policy Implications. *Journal of Accounting Research*, Vol. 53, No. 4, 2015, pp. 725 -775.

[100] Ghosh, A., Pawlewicz, R. The Impact of Regulation on Auditor Fees: Evidence from the Sarbanes - Oxley Act. *Auditing: A Journal of Practice and Theory*, Vol. 28, No. 1, 2009, pp. 171 -197.

[101] Griliches Z. The Search for R & D Spillovers. *Scandinavian Journal of Economics*, Vol. 94, No. 94, 1998, pp. 29 -47.

[102] Guan Y, Su L, Wu D, et al. Do school ties between auditors and client executives influence audit outcomes? . *Journal of Accounting and Economics*, Vol. 61, No. 2, 2016, pp. 506 -525.

[103] Gul F A. Audit Prices, Product Differentiation and Economic Equilibrium. *Auditing A Journal of Practice and Theory*, Vol. 18, No. 1, 1999, pp. 90 -100.

[104] Gul F A, Tsui J S L. Free Cash Flow, Debt Monitoring, and Audit Pricing: Further Evidence on the Role of Director Equity Ownership. *Social Science Electronic Publishing*, Vol. 20, No. 2, 2001, pp. 71 -84.

[105] Hackenbrack K E, Hogan C E. Client Retention and Engagement - Level Pricing. *Auditing A Journal of Practice and Theory*, Vol. 24, No. 1, 2011, pp. 7 -20.

[106] Hackenbrack K, Knechel W R. Resource Allocation Decisions in Audit Engagements. *Contemporary Accounting Research*, Vol. 14, No. 3, 1997, pp. 481 -499.

[107] Hay D C, Knechel W R, Wong N. Audit Fees: A Meta-analysis of the Effect of Supply and Demand Attributes. *Contemporary Accounting Research*, Vol. 23, No. 1, 2006, pp. 141 -191.

[108] Hay D. The accumulated weight of evidence in audit fees research: further steps in meta-analysis, 2010.

[109] Higgs J L, Skantz T R. Audit and Nonaudit Fees and the Market's Reaction to Earnings Announcements. *Auditing A Journal of Practice and Theory*, Vol. 25, No. 1, 2006, pp. 1 -26.

[110] Hoag, M. L., Hollingsworth, C. W. An Intertemporal Analysis

of Audit Fees and Section 404 Material Weaknesses. *Auditing A Journal of Practice and Theory*, Vol. 30, No. 2, 2011, pp. 173 –200.

[111] Hogan, C. E. , Wilkins, M. S. Evidence on the Audit Risk Model: Do Auditors Increase Audit Fees in the Presence of Internal Control Deficiencies? . *Contemporary Accounting Research*, Vol. 25, No. 1, 2008, pp. 219 –242.

[112] Hoitash, R. , Hoitash, U. , Bedard, J. Internal Control Quality and Audit Pricing under the Sarbanes – Oxley Act. *Auditing A Journal of Practice and Theory*, Vol. 5, No. 1, 2008, pp. 23 –26.

[113] Hoitash R, Markelevich A, Barragato C A. Auditor fees and audit quality. *Managerial Auditing Journal*, Vol. 22, No. 8, 2007, pp. 761 –786.

[114] Hope O K, Langli J C. Auditor Independence in a Private Firm and Low Litigation Risk Setting. *Accounting Review*, Vol. 85, No. 2, 2010, pp. 573 –605.

[115] Hribar P, Kravet T, Wilson R. A new measure of accounting quality. *Review of Accounting Studies*, Vol. 19, No. 1, 2014, pp. 506 –538.

[116] Huang H W, Raghunandan K, Rama D. Audit Fees for Initial Audit Engagements before and after SOX. *Auditing*: *A Journal of Practice and Theory*, Vol. 28, No. 1, 2009, pp. 171 –190.

[117] Jensen M C, Meckling W H. Theory of the firm: Managerial behavior, agency costs and ownership structure. *Social Science Electronic Publishing*, Vol. 3, No. 4, 1976, pp. 305 –360.

[118] Johnson W B, Lys T. The market for audit services: Evidence from voluntary auditor changes. *Journal of Accounting and Economics*, Vol. 12, No. 1, 1990, pp. 281 –308.

[119] Jr W R K, Libby R. Discussion of The Relation between Auditors' Fees for Nonaudit Services and Earnings Management. *Accounting Review*, Vol. 77, No. 1, 2011, pp. 107 –114.

[120] Kinney, J. W. R. , Shepardson, M. L. Do Control Effectiveness Disclosures Require SOX 404 (b) Internal Control Audits? A Natural Experiment with Small U. S. Public Companies. *Journal of Accounting Research*. Vol. 49, No. 2, 2011, pp. 413 –448.

[121] Klein B, Leffler K B. The Role of Market Forces in Assuring Contractual Performance. *Journal of Political Economy*, Vol. 89, No. 89, 1981, pp. 615 – 641.

[122] Knechel W R, Niemi L, Sundgren S. Determinants of Auditor Choice: Evidence from a Small Client Market. *International Journal of Auditing*, Vol. 12, No. 1, 2008, pp. 65 – 88.

[123] Knechel W R, Payne J L. Additional Evidence on Audit Report Lag. *Auditing A Journal of Practice and Theory*, Vol. 20, No. 1, 2001, pp. 137 – 146.

[124] Knechel W R, Rouse P, Schelleman C. A Modified Audit Production Framework: Evaluating the Relative Efficiency of Audit Engagements. *Accounting Review*, Vol. 84, No. 5, 2009, pp. 1607 – 1638.

[125] Knechel W R, Sharma D S. Non – Audit Services and Knowledge Spillovers: Evidence from New Zealand. *Journal of Business Finance and Accounting*, Vol. 39, No. 1, 2012, pp. 60 – 81.

[126] Krishnan G V, Yu W. Further evidence on knowledge spillover and the joint determination of audit and non-audit fees. *Managerial Auditing Journal*, Vol. 26, No. 3, 2011, pp. 230 – 247.

[127] Krishnan J. Auditor Switching and Conservatism. *Accounting Review*, Vol. 69, No. 1, 1994, pp. 200 – 215.

[128] Krishnan J, Krishnan J, Song H. The Effect of Auditing Standard No. 5 on Audit Fees. *Auditing A Journal of Practice and Theory*, Vol. 30, No. 4, 2011, pp. 1 – 27.

[129] Krishnan, J., Rama, D., Zhang, Y. Costs to Comply with SOX section 404. *Auditing: A Journal of Practice and Theory*, Vol. 27, No. 1, 2008, pp. 169 – 186.

[130] Landsman W R, Nelson K K, Rountree B R. Auditor Switches in the Pre-and Post – Enron Eras: Risk or Realignment? . *Accounting Review*, Vol. 84, No. 2, 2011, pp. 531 – 558.

[131] Lennox C S, Park C W. Audit Firm Appointments, Audit Firm Alumni, and Audit Committee Independence. *Contemporary Accounting Research*, Vol. 24, No. 1, 2007, pp. 235 – 258.

[132] Maydew E L, Shackelford D A. The Changing Role of Auditors in Corporate Tax Planning. *Social Science Electronic Publishing*, Vol. 21, No. 1, 2005, pp. 307 – 344.

[133] Moroney R. Does Industry Expertise Improve the Efficiency of Audit Judgment? . *Auditing A Journal of Practice and Theory*, Vol. 26, No. 2, 2007, pp. 69 – 94.

[134] O'Keefe T B, Dan A S, Stein M T. The Production of Audit Services: Evidence from a Major Public Accounting Firm. *Journal of Accounting Research*, Vol. 32, No. 2, 1994, pp. 241 – 261.

[135] Palmrose Z V. Audit Fees and Auditor Size: Further Evidence. *Journal of Accounting Research*, Vol. 24, No. 1, 1986, pp. 97 – 110.

[136] Palmrose Z V, Scholz S. Auditor Independence, Non – Audit Services, and Restatements: Was the U. S. Government Right? . *Journal of Accounting Research*, Vol. 42, No. 3, 2004, pp. 561 – 588.

[137] Palmrose Z V. The Effect of Nonaudit Services on the Pricing of Audit Services: Further Evidence. *Journal of Accounting Research*, Vol. 24, No. 2, 1986, pp. 405 – 411.

[138] Raghunandan, K. , Rama, D. V. SOX Section 404 Material Weakness Disclosures and Audit Fees. *Auditing: A Journal of Practice and Theory*, Vol. 25, No. 1, 2006, pp. 99 – 114.

[139] Robinson D. Auditor Independence and Auditor – Provided Tax Service: Evidence from Going – Concern Audit Opinions Prior to Bankruptcy Filings. *Auditing A Journal of Practice and Theory*, Vol. 27, No. 2, 2011, pp. 31 – 54.

[140] Sankaraguruswamy S, Whisenant S. Pricing Initial Audit Engagements: Empirical Evidence Following Public Disclosure of Audit Fees. *Ssrn Electronic Journal*, 2009.

[141] Schelleman C, Knechel W R. Short – Term Accruals and the Pricing and Production of Audit Services. *Auditing A Journal of Practice and Theory*, Vol. 29, No. 1, 2011, pp. 221 – 250.

[142] Shu, S. Z. Auditor Resignations: Clientele Effects and Legal Liability. *Journal of Accounting and Economics*, Vol. 29, No. 1, 2000,

pp. 173 –205.

[143] Simon D, Francis J. The Effects of Auditor Change on Audit Fees: Tests of Price Cutting and Price Recovery. *The Accounting Review*, Vol. 63, No. 2, 1988, pp. 255 –269.

[144] Simunic, D. A. The Pricing of Audit Services: Theory and Evidence. *Journal of Accounting Research*. Vol. 18, No. 1, 1980, pp. 161 –190.

[145] Simunic, D. A. Auditing, Consulting, and Auditor Independence. *Journal of Accounting Research*, Vol. 22, No. 2, 1984, pp. 679 –702.

[146] Srinidhi B N, Gul F A. The Differential Effects of Auditors' Non-audit and Audit Fees on Accrual Quality. *Contemporary Accounting Research*, Vol. 24, No. 2, 2007, pp. 595 –629.

[147] Whisenant S, Sankaraguruswamy S, Raghunandan K. Evidence on the Joint Determination of Audit and Non – Audit Fees. *Journal of Accounting Research*, Vol. 41, No. 4, 2003, pp. 721 –744.

后　记

本书是在博士毕业论文的基础上修改完善成稿的，是凝聚三年博士生涯与两年工作时光的缩影，值此完稿之际，感慨颇多，万千滋味在心头。感谢陪我一路走来的亲朋好友，让我在困难面前勇者无惧，在喜悦之时互相共享。

感谢我的导师方红星教授。有幸得以忝列师门，导师不弃弟子之驽钝，悉心指导，关怀备至。博士论文从选题、数据整理，到论文结构、内容修改并最终成文，都得到了导师的悉心指导。导师对我的每一篇工作论文都逐字逐句修改，倾注大量心血，每每此时，感动不已。每次与导师探讨学术论文时，导师精彩的点评给予我无穷的启发，受益匪浅，导师独到的见解每每让我醍醐灌顶，茅塞顿开。丰富了我的视野，为我铺就了一条通往学术殿堂的通道。导师博学的知识、严谨的学术态度、洒脱的生活观，深深将我折服，给我打开了新的一扇欣赏世界的窗户。导师深邃的学术思想、诲人不倦的高尚师德、缜密的思维方式、严谨认真的治学态度、高屋建瓴的学术视野、严以律己的崇高品质以及宁静致远的处事风格，为我今后的学习与工作树立优秀的榜样。导师的学术魅力和人格魅力，令我终生难忘。师恩我将永记于心，也时刻督促自己更加勤勉！

感谢我的父母，含辛茹苦三十多年将我抚养长大。父母是我长达二十余年的求学之路上最为坚强的后盾，若是说世界上有一种爱是不求回报的、不计较得失的，那必是父母之爱。父母对我生活上无微不至的照顾和学习上费尽心思的指导，使我能够全身心投入博士的学习生活中。从幼儿园时的无知幼儿到迈入社会的教师，我的一张张毕业证书见证了你们眼角的皱纹，鬓角的白发。感谢你们的支持与付出，让我无所畏惧地走下去。真心希望我的父母亲能够平安健康！因为父母的幸福，永远是促我前进的不懈动力。

最后，感谢山东财经大学的领导与同事们对我的支持与帮助！

2019 年 10 月

山东财经大学　燕山校区